Comédies
de Courteline

Georges Courteline

Notes, questionnaires et dossier Bibliocollège
par Stéphane GUINOISEAU,
agrégé de Lettres modernes,
professeur en collège

Crédits photographiques

p. 4, 114, 124, 126 : Photothèque Hachette Livre. **pp. 7, 22 :** Photothèque Hachette Livre, © Lipnitzki/Viollet. **pp. 118, 121 :** Photothèque Hachette Livre, © Photo Canville. **pp. 5, 37 :** affiche réalisée par Mylène Vantal et Cyril Triolaire, © Compagnie de théâtre le Valet de Cœur. **pp. 9, 15, 16 :** © Pascal Maine. **pp. 32, 56 :** © Kharbine/Tapabor. **pp. 33, 48, 73, 83, 93, 101 :** © Agence Enguerand/Bernand. **p. 68 :** © *Les Boulingrin* de Courteline par la Compagnie des Hauts-de-Seine, avec Laure Compain, Claire Château, Étienne Dalibert et Alain Tricau (au centre).

Conception graphique

Couverture : *Audrey Izern*

Intérieur : *ELSE*

Illustration des questionnaires

Harvey Stevenson

Dossier pédagogique téléchargeable gratuitement sur :
www.biblio-hachette.com

ISBN : 978-2-01-169734-9

© Hachette Livre, 2008, 43, quai de Grenelle, 75905 PARIS Cedex 15.
www.hachette-education.com
Tous droits de traduction, de reproduction et d'adaptation réservés pour tous pays.

Le Code de la propriété intellectuelle n'autorisant, aux termes des articles L. 122-4 et L. 122-5, d'une part, que les « copies ou reproductions strictement réservées à l'usage privé du copiste et non destinées à une utilisation collective », et, d'autre part, que « les analyses et les courtes citations » dans un but d'exemple et d'illustration, « toute représentation ou reproduction intégrale ou partielle, faite sans le consentement de l'auteur ou de ses ayants droit ou ayants cause, est illicite ».
Cette représentation ou reproduction, par quelque procédé que ce soit, sans l'autorisation de l'éditeur ou du Centre français de l'exploitation du droit de copie (20, rue des Grands-Augustins, 75006 Paris), constituerait donc une contrefaçon sanctionnée par les articles 425 et suivants du Code pénal.

Sommaire

Introduction 5

COMÉDIES DE COURTELINE

Texte intégral et questionnaires

La Peur des coups 7

Les Boulingrin 33

La Paix chez soi 73

Retour sur l'œuvre 108

DOSSIER BIBLIOCOLLÈGE

Il était une fois Georges Courteline 114

La « Belle Époque » de Courteline 124

Vaudeville express et farce moderne 133

Groupement de textes : « Scènes de ménage théâtrales » ... 142

Bibliographie et filmographie 154

Georges Moinaux, dit Courteline (Tours, 1858 - Paris, 1929).

Introduction

Bien avant d'être un auteur de comédies brèves et brillantes, Georges Courteline fut connu comme journaliste et feuilletoniste dans le Tout-Paris des années 1880. Sa plume volontiers ironique assura à ses chroniques, à ses articles ou à ses nouvelles un succès retentissant : en cet âge d'or de la presse, il se fait rapidement un nom. Très tôt, il excelle dans la satire des milieux qu'il a pu fréquenter dans sa jeunesse et pratique un humour souvent caustique : outre les militaires, les juges ou les policiers ineptes, les gratte-papier obscurs des ministères, Courteline prend pour cibles les bons bourgeois repus et satisfaits, leurs petites lâchetés, leurs petites hypocrisies, leurs petites tromperies entre amis.

Courteline va connaître la gloire grâce à ses œuvres théâtrales. Le metteur en scène André Antoine, qui a créé le Théâtre-Libre en 1887, est à la recherche de nouvelles plumes pour renouveler le théâtre de son époque. « *La production dramatique est limitée à une quinzaine d'auteurs qui font la navette de théâtre en théâtre, monopolisant l'affiche et servant toujours au spectateur la même mixture* », déclare-t-il volontiers. Son ambition est de bousculer ce train-train. Il a flairé chez Courteline un talent de dialoguiste et d'humoriste : il lui propose, en 1890, d'écrire pour le Théâtre-Libre. En une dizaine d'années, Courteline va conquérir le public en présentant des petites comédies en un acte, des vaudevilles minimalistes pour les petites salles de quartier. Si son premier véritable succès, *Boubouroche* (1893), est monté au Théâtre-Libre, *La Peur des coups* est jouée au Théâtre d'Application en 1894, *Les Boulingrin* au Grand-Guignol en 1898. *La Paix chez soi* sera créée au Théâtre-Antoine en 1903.

Variations sur un thème éternel, les déchirements du couple et les scènes de ménage qu'il engendre, les trois pièces que nous proposons illustrent à merveille les talents d'observateur, de satiriste et de dialoguiste de Courteline. Souvent notre auteur réécrit des textes qu'il a publiés dans des journaux pour les adapter à la scène : *La Peur des coups* reprend une chronique, alors que *Les Boulingrin* s'inspire d'une nouvelle. Il peaufine ses répliques pendant de longues heures : l'impression de légèreté et la vivacité des échanges sont à ce prix. Comme beaucoup d'auteurs de comédies, Courteline est un observateur féroce de nos faiblesses et de nos ridicules, et le rire est souvent chez lui l'envers d'une lucidité critique et malicieuse. « Molière de poche » pour son contemporain Anatole France, Courteline n'aime pas les intrigues compliquées et artificielles : il préfère le corps à corps et le duel « à mots tirés ». Comme l'écrivait son ami Catulle Mendès à propos de *La Paix chez soi*, « *il n'appartient qu'aux grands auteurs comiques de faire sortir du rire une rêverie penchée sur les douleurs humaines* ».

La Peur des coups

PERSONNAGES
LUI
ELLE

Une chambre à coucher sans grand luxe. Un lit de milieu, qui s'avance face au public. Près du lit, un petit chiffonnier[1]. À gauche, une cheminée surmontée d'une glace et supportant une lampe qui brûle à ras de bec[2]. Au milieu, un guéridon[3], avec buvard et écritoire[4]. Chaises et fauteuils. Il est sept heures du matin, l'aube naissante blêmit mélancoliquement dans les ajours[5] des persiennes[6] closes.

---

notes

1. chiffonnier : petit meuble à tiroirs superposés dans lequel on range de menus objets.
2. bec (de lampe) : extrémité terminée en pointe.
3. guéridon : petite table, généralement ronde et à pied central unique, supportant le plus souvent des objets légers.
4. écritoire : petit vase qui contient de l'encre.
5. ajours : petites ouvertures laissant passer le jour.
6. persienne : contrevent extérieur permettant de protéger une fenêtre du soleil ou de la pluie ou de régler la lumière tout en laissant pénétrer un peu d'air à l'intérieur.

Entrent, par la droite, l'un suivant l'autre :
Elle est enveloppée jusqu'aux chevilles d'une sicilienne[1] lilas doublée en chèvre du Tibet[2]. Nouée avec soin sous son menton, une capuche de Malines[3] emprisonne son jeune visage, confisquant son front et ses cheveux ;
Lui, enfermé dans sa pelisse[4] comme un Burgrave[5] dans son serment. Un chapeau à bords plats le coiffe. Il tient une allumette bougie dont le courant d'air de la porte écrase la flamme, puis l'éteint.

LUI. – Flûte !

ELLE. – Ne te gêne pas pour moi. Ça me contrarierait.

LUI *(qui depuis une demi-heure attendait le moment d'éclater)*. – Toi, tu vas nous fiche la paix[6].
Un temps.

ELLE. – Qu'est-ce qu'il y a encore ?

LUI. – Tu m'embêtes.

ELLE. – On t'a vendu des pois qui ne voulaient pas cuire[7] ?

LUI. – C'est bien. En voilà assez. Je te prie de me fiche la paix.

ELLE *(à part)*. – Retour de bal. La petite scène obligée de chaque fois. Ah ! Dieu !...

notes

1. sicilienne : vêtement fait d'étoffe de soie.
2. chèvre du Tibet : ces chèvres aux longs poils servent à confectionner une laine (le pashmina) considérée comme une des plus belles et des plus précieuses du monde.
3. Malines : ville des Flandres.
4. pelisse : grand pardessus d'homme porté surtout avec une tenue de soirée.
5. Burgraves : on appelait Burgraves, en Allemagne, les commandants militaires des villes et des arrondissements désignés par l'empereur (auquel ils devaient prêter serment). Victor Hugo écrira un drame intitulé *Les Burgraves* qui sera représenté pour la première fois à la Comédie-Française en 1843.
6. fiche : emploi familier pour « ficher » ; « ficher la paix » veut dire « laisser tranquille ».
7. on t'a vendu des pois qui ne voulaient pas cuire : cette locution du XIXe siècle signifie « faire un tour à quelqu'un ».

LA PEUR DES COUPS

**Hervé Huyggues (Lui) et Cécile Tournesol (Elle)
dans *La Peur des coups*, mise en scène de Roger Davau,
théâtre des Cinq-Diamants, Paris, 1998.**

Lui enflamme une allumette, va à la lampe dont il soulève le verre. Puis :

LUI *(à mi-voix)*. – Ce n'est pas la peine. Il fait jour.

ELLE *(qui enlève sa mantille[1] et sa pelisse et qui s'étonne de le voir rouler une cigarette)*. – Eh bien, tu ne te couches pas ?

LUI. – Non.

ELLE. – Pourquoi ?

LUI. – Si on te le demande, tu diras que tu n'en sais rien.

ELLE. – Comme tu voudras. *(À part.)* Prends garde que je commence. Prends bien garde.

Lui va et vient par la pièce, les mains aux reins, ruminant de sombres pensées. Des grondements rôdent dans le silence. Rencontre avec une chaise. Il l'empoigne, vient la planter à l'avant-scène, et l'enfourche, toujours sans un mot. Enfin :

LUI *(qui se décide à mettre le feu aux poudres[2])*. – Eh bien, tu es satisfaite.

ELLE. – À propos de quoi ?

LUI. – Dame, tu serais difficile... Tu t'es assez...

ELLE – N'use pas ta salive, je sais ce que tu vas me dire. *(Très simple.)* Je me suis fait peloter !

LUI. – Oui, tu t'es fait peloter !

ELLE *(assise près du lit et commençant à se dévêtir)*. – Là ! Oh ! je connais l'ordre et la marche. Dans un instant je me serai conduite comme une fille[3], dans deux minutes

---

notes

1. mantille : longue et large écharpe de soie ou de dentelle, le plus souvent noire, couvrant la tête et les épaules. Elle fait partie du costume traditionnel des Espagnoles.
2. mettre le feu aux poudres : faire éclater sa colère.

3. comme une fille : comme une prostituée.

tu m'appelleras sale bête ; dans cinq tu casseras quelque chose. C'est réglé comme un protocole[1]. Et pendant que j'y pense... *(Elle va à la cheminée, y prend une poterie ébréchée qu'elle dépose sur un guéridon, à portée du bras de monsieur)...* je te recommande ce petit vase. Tu l'as entamé il y a six semaines en revenant de la soirée de l'Instruction publique[2], mais il est encore bon pour faire des castagnettes[3].

Monsieur, furieux, envoie l'objet à la volée[4] à l'autre extrémité de la pièce.

ELLE. – Tu commences par la fin ? Tant mieux ! Ça modifiera un peu la monotonie du programme.

LUI *(se levant comme mû par un ressort).* – Ah ! assez ! Ne m'exaspère pas ! *(Un temps.)* T'es-tu assez compromise !...

ELLE *(à part).* – Sale bête, vous allez voir.

LUI *(les dents serrées).* – Sale bête !

ELLE *(à part).* – Ça y est.

LUI. – Tu t'es conduite...

ELLE. – Comme une fille.

LUI. – Parfaitement. Ose un peu dire que ce n'est pas vrai ? Ose-le donc un peu pour voir ?... Il n'y a pas de danger, parbleu[5] ! Tu t'es couverte d'opprobre[6].

ELLE. – Oui.

LUI. – Tu as traîné dans le ridicule le nom honorable que je porte !

---

notes

1. protocole : ensemble de règles à respecter.
2. Instruction publique : ministère de l'Éducation nationale.
3. faire des castagnettes : imiter le bruit que font les castagnettes lorsqu'elles s'entrechoquent.
4. à la volée : voler.
5. parbleu : juron qui est une déformation (par euphémisation) de « par Dieu ».
6. opprobre : honte.

ELLE. — Navrante histoire ! À ta place, j'en ferais une complainte[1].

LUI. — Tu t'es compromise de la façon la plus révoltante !

ELLE. — Oui, je te dis !

Elle va se poster devant la cheminée, et là, d'une main qui prend des précautions, elle cueille une large rose épanouie en la nuit de ses cheveux.

LUI. — Et avec un soldat, encore. Car à cette heure tu donnes dans le pantalon rouge[2]. Ah ! c'est du joli ! c'est du propre ! À quand le tour de la livrée[3] ?

ELLE *(debout devant la cheminée, en jupon et en corset[4])*. — Toi, tu as une certaine chance que je t'aie épousé.

LUI. — Pourquoi ?

ELLE. — Parce que si c'était à refaire...

LUI. — Penses-tu que je n'en aie pas autant à ton service ? Je te conseille de parler ! Une femme dans ta position... *(Long regard ironique de madame.)* Oh ! ne joue donc pas sur les mots... se galvauder[5] avec un pousse-cailloux[6] !...

ELLE. — D'abord, c'est un officier...

LUI. — C'est un drôle[7], voilà ce que c'est !... Et un polisson !... Et un sot !... Et un goujat[8] de la pire espèce !... Son attitude à ton égard a été de la dernière inconvenance[9]. Il t'a fait une cour scandaleuse !

---

notes

1. complainte : chanson populaire à déroulement généralement tragique.
2. pantalon rouge : les militaires portaient un pantalon rouge.
3. livrée : tenue des domestiques masculins.
4. corset : gaine lacée, en tissu résistant, qui serre la taille et le ventre.
5. se galvauder : se déshonorer, s'avilir.
6. pousse-cailloux : soldat d'infanterie, fantassin.
7. drôle : fourbe, voyou.
8. goujat : le mot désigne d'abord un valet d'armée avant de prendre le sens, clairement péjoratif, d'homme grossier dont les paroles sont offensantes.
9. inconvenance : grossièreté.

ELLE *(l'ongle aux dents).* – Pas ça !

LUI. – Tu mens !

ELLE. – Charmante éducation.

LUI. – Tu mens !

ELLE *(agacée).* – Et quand je mentirais ? Quand il me l'aurait faite la cour, ce brin de cour autorisé d'homme du monde à honnête femme ? Le grand malheur ! La belle affaire !

LUI. – Pardon...

ELLE. – D'ailleurs, quoi ? Je te l'ai présenté. Il fallait te plaindre à lui-même, au lieu de te lancer comme tu l'as fait dans un déploiement ridicule de courbettes et de salamalecs[1]. Et « Mon capitaine » par-ci, et « Mon capitaine » par là, et « Enchanté, mon capitaine, de faire votre connaissance ». Ma parole, c'était écœurant de te voir ainsi faire des grâces[2] et arrondir la bouche en derrière de poule, avec une figure d'assassin. Tu étais vert comme un sous-bois.

Elle passe et revient vers le lit.

LUI. – Je...

ELLE. – Seulement voilà... ce n'est pas la bravoure qui t'étouffe...

LUI. – Je...

ELLE. – Alors tu n'as pas osé...

LUI. – Je...

ELLE. – Comme le soir où nous étions sur l'esplanade[3] des Invalides à voir tirer le feu d'artifice, et où tu affectais[4]

---

notes

1. salamalecs : manifestations de politesse exagérées.
2. faire des grâces : faire des politesses.
3. esplanade : vaste terrain plat dégagé devant un édifice.
4. tu affectais : tu faisais semblant.

de compter les fusées et de crier : « Sept !... Huit !... Neuf !... Dix !... Onze !... » pendant que je te disais tout bas : « Il y a derrière moi un homme qui essaie de passer sa main par la fente de mon jupon[1]. Fais-le donc finir. Il m'ennuie. »

Lui *(jouant dans la perfection la comédie de l'homme qui ne comprend pas).* – Je ne sais pas ce que tu me chantes avec ton histoire d'esplanade ; mais pour en revenir à ce monsieur, si je ne lui ai pas dit ma façon de penser, c'est que j'ai cédé à des considérations d'un ordre spécial : l'horreur des scandales publics, le sentiment de ma dignité...

Elle. – ... la peur bien naturelle des coups, et cætera, et cætera.

Lui *(brûlé comme au fer rouge).* – Tu es plus bête qu'un troupeau d'oies ! *(Rire de madame.)* Ah ! et puis ne ris pas comme ça. Je sens que je ferais un malheur !... La peur des coups ! La peur des coups !

Elle. – Bien sûr oui, la peur des coups. Tu n'as pas de sang dans les veines[2].

Lui. – C'est de moi que tu parles ?

Elle. – Non. Du frotteur[3].

Lui. – Par exemple ; celle-là est raide ! Moi, moi, je n'ai pas de sang dans les veines ? En six mois de temps, j'ai flanqué onze bonnes à la porte, et je n'ai pas de sang dans les veines ?... D'ailleurs c'est bien simple. Où est l'encre ? *(Il s'installe devant le guéridon, attire à soi un petit buvard de dame et en tire un cahier de papier.)* Je ne voulais pas donner de suite à cette affaire...

Elle. – Ça, je m'en doute.

---

notes

1. jupon : jupe de dessous.
2. tu n'as pas de sang dans les veines : tu es lâche.
3. frotteur : maniaque qui parvient à s'exciter en se frottant à des vêtements féminins, à des personnes dans une foule.

Cécile Tournesol (Elle) et Hervé Huyggues (Lui) dans *La Peur des coups*, mise en scène de Roger Davau, théâtre des Cinq-Diamants, Paris, 1998.

LUI. – ... me réservant de dire son fait à ce monsieur le jour où je le rencontrerais. Mais puisque tu le prends comme ça, c'est une autre paire de manches. Je vais vous faire voir à tous les deux, à cet imbécile et à toi, si j'ai du sang dans les veines oui ou non et si je suis un monsieur qui a peur des coups. *(Il écrit.)* « Monsieur, votre attitude à l'égard de ma femme a été celle du dernier des goujats et du dernier des paltoquets[1]. »

ELLE. – Ne fais donc pas l'intéressant. Tu sais très bien que tu n'as pas son adresse.

---

note

1. paltoquet : homme grossier.

**Cécile Tournesol (Elle) et Hervé Huyggues (Lui)
dans *La Peur des coups*, mise en scène de Roger Davau,
théâtre des Cinq-Diamants, Paris, 1998.**

160 Lui *(qui continue à écrire).* – J'ai son nom et le numéro de son régiment. C'est suffisant et au-delà. *(Il paraphe[1] sa lettre d'une arabesque[2] imposante.)* Pas de sang ! Pas de sang !... Ah ! Ah ! c'est du sang qu'il te faut ? Eh bien, ma fille, tu en auras, et plus que tu ne le penses peut-être. Voilà
165 un petit mot de billet[3] dont je ne suis pas mécontent et qui n'est pas, j'ose le prétendre, dans un étui à lunettes[4]. *(Il ricane.)* Qu'est-ce que tu attends ?

Elle *(qui est demeurée silencieuse, la main tendue).* – La lettre, pour la faire mettre à la poste. Il est huit heures, la bonne est levée.

notes

1. paraphe : signe.
2. arabesque : ici, signature faite d'un grand geste.
3. mot de billet : message bref.
4. être dans un étui à lunettes : être timoré, craintif.

LUI *(après avoir clos l'enveloppe).* – Voilà. *(Il lui tend la lettre, mais à l'instant où elle va la prendre, il la retire d'un brusque recul de la main et l'enfouit en la poche de son habit.)* Et puis, au fait, non. Je la mettrai moi-même à la boîte. Je serai plus sûr qu'elle arrivera.

ELLE. – À Pâques.

LUI *(étonné).* – À Pâques ?...

ELLE. – Ou à la Trinité. Le jour où M. Malbrough[1] rentrera dans le château de ses pères.

LUI. – De l'esprit[2] ? Le temps va changer. *(Geste de madame.)* Il suffit. Tes insinuations en demi-teintes font ce qu'elles peuvent pour être blessantes, heureusement la sottise n'a pas de crocs. Ta perfidie me fait lever le cœur et ta niaiserie me fait lever les épaules ; voilà tout le fruit de tes peines. Là-dessus, tu vas me faire le plaisir de te taire, ou alors ça va se gâter. Je veux bien me borner, en principe, à remettre un goujat à sa place par une lettre plus qu'explicite, mais c'est à la condition, à la condition expresse[3], que la question sera tranchée et que je n'entendrai plus parler de lui. *(Indigné, les bras jetés sur la poitrine.)* Comment ! voilà un galapiat[4], un traîneur de rapière[5] en chambre, qui non seulement manquerait de respect à ma femme, mais viendrait par-dessus le marché mettre la zizanie[6] chez moi ! troubler la paix de mon ménage ? Oh ! mais non ! Oh ! mais n'en crois rien ! Donc, tu peux

---

notes

1. Malbrough : allusion à la chanson *Malbrough s'en va t'en guerre* engendrée par la citation ironique « À Pâques ou à la Trinité » :
« Malbrough s'en va-t-en guerre,
Mironton, mironton, mirontaine,
Malbrough s'en va-t-en guerre,
Ne sais quand reviendra.
Il reviendra-z-à Pâques,
Mironton, mironton, mirontaine,
Il reviendra-z-à Pâques,
Ou à la Trinité. »
2. esprit : humour.
3. expresse : impérative.
4. galapiat : vaurien.
5. traîneur de rapière : expression ironique pour désigner un militaire (celui qui traîne une rapière, c'est-à-dire une épée).
6. zizanie : discorde.

te le tenir pour dit : la moindre allusion à ce monsieur, la moindre ! c'est clair, n'est-ce pas ? et ce n'est plus une lettre qu'il recevrait de moi.

ELLE. – Qu'est-ce qu'il recevrait ?

LUI *(très catégorique)*. – Mon pied.

ELLE. – Ton pied ?

LUI. – Mon pied en personne, si j'ose m'exprimer ainsi.

ELLE *(pouffant de rire)*. – Pfff.

LUI *(qui saute sur son pardessus et l'endosse)*. – Veux-tu que j'y aille tout de suite ?

ELLE *(froidement)*. – Je t'en défie.

LUI *(son chapeau sur la tête)*. – Ne le répète pas.

ELLE. – Je t'en défie.

LUI. – Fais attention.

ELLE. – Je t'en défie !

LUI. – Pour la dernière fois, réfléchis bien à tes paroles. *(Solennel, la main sur son cœur.)* Devant Dieu qui me voit et m'entend, nous nagerons dans la tragédie si je passe le seuil de cette porte.

ELLE *(courant à la porte qu'elle ouvre)*. – Le seuil ? Le voilà, le seuil ! Et voici la porte grande ouverte...

LUI. – Aglaé...

ELLE. – Passe-le donc, un peu ! Passe-le donc, le seuil de la porte ! Non, mais passe-le donc, que je voie, et va donc lui donner de ton pied, à ce monsieur.

LUI. – Aglaé...

ELLE. — Mais va donc, voyons ! Qu'est-ce qui te retient ? Qu'est-ce qui t'arrête ? Va donc ! Va donc ! Va donc ! Va donc !

LUI *(jouant la stupéfaction).* — Tu me donnes des ordres, Dieu me pardonne ! « Va donc ! » dit madame, « Va donc ! » *(Retirant son paletot qu'il jette au dossier d'un siège.)* C'est étonnant comme j'obéis ! *(Haussement apitoyé de l'épaule.)* En vérité, tu aurais seulement dix ans de moins, je t'administrerais une fessée pour te rappeler au sentiment des convenances. Qui est-ce qui m'a bâti une morveuse pareille !... une gamine, on lui presserait le nez qu'il en sortirait du lait, qui se permet de donner des ordres et de dire « Va donc » à son mari !

ELLE *(installée près du lit et attaquant son pantalon).* — Le fait est qu'en parlant ainsi, j'ai perdu une belle occasion de garder pour moi des paroles inutiles.

LUI. — Et tu en perds une seconde en émettant cette vérité d'une ambiguïté[1] si piquante. Car tu la juges telle, j'imagine.

ELLE. — Trop polie pour te démentir.

LUI. — Oui ? Eh bien, j'ai le regret de t'apprendre que le jour où l'esprit et toi vous passerez par la même porte, nous n'attraperons pas d'engelures.

ELLE. — Ce qui veut dire qu'il fera singulièrement chaud ?

LUI. — Singulièrement chaud, oui, ma fille. *(Goguenard[2].)* Tu as cru que c'était arrivé ?

ELLE. — Comment ?

Elle est revenue à la cheminée. En chemise, les pieds nus dans des mules, elle se prépare un verre d'eau sucrée.

---

notes

1. ambiguïté : ici, caractère de ce qui manque de netteté et inquiète.

2. goguenard : moqueur.

LUI. – Tu ne t'en es pas aperçue que je me moquais de toi ?

ELLE. – Je l'avoue.

LUI. – Tu ne t'es pas rendu compte que je mystifiais ta candeur[1] ?

ELLE. – Ma foi non.

LUI. – Jour de Dieu ! comme dit Mme Pernelle[2], tu as de la naïveté de reste. Je t'en prie, laisse-moi rire ; c'est trop drôle. *(Il se pâme[3].)* Me voyez-vous ? Non, mais me voyez-vous, tombant à huit heures du matin dans un quartier de cavalerie[4], le camélia à la boutonnière, et tirant les oreilles à ce monsieur devant un escadron[5] rangé en bataille[6] ?...

ELLE. – Ça ne manquerait pas de chic.

LUI. – Comment donc !...

ELLE. – Qu'est-ce qui t'empêche de le faire ?

LUI. – Rien !... une niaiserie ! la moindre des choses !

ELLE *(qui se met au lit)*. – Enfin, quoi ?

LUI. – Moins que rien, je te dis. Le sentiment du plus élémentaire devoir : le respect de l'uniforme français. Tu vois que ça ne valait pas la peine d'en parler.

ELLE *(couchée)*. – Comprends pas.

LUI. – Bien entendu. Un morveux d'officier m'outrage. Je ne lui casse pas les reins ; pourquoi ? Parce que mon patriotisme parlant plus haut que ma violence me crie :

---

notes

1. *je mystifiais ta candeur :* je me moquais de ta naïveté.
2. *Mme Pernelle :* mère d'Orgon dans *Tartuffe* de Molière.
3. *il se pâme :* il manifeste sa joie avec affectation.
4. *quartier de cavalerie :* caserne pour les soldats servant dans la cavalerie.
5. *escadron :* troupe de cavaliers.
6. *rangé en bataille :* disposé en ligne.

« Ne fais pas ça, ce serait mal. Songe à la France qui est ta mère, et n'attente pas[1], par un châtiment public, au prestige de l'épaulette. » Je m'incline. Tu ne comprends pas. Si tu te figures que ça m'étonne !

ELLE. – Cœur magnanime[2] !

LUI. – Tais-toi donc, vous êtes toutes les mêmes, fermées comme des portes de cachot à tout ce qui est grandeur d'âme, générosité naturelle et noblesse de sentiments. Quelle race !... Oh ! tu peux rigoler. Je suis au-dessus de tes appréciations. J'ai ma propre estime, qui me suffit, et toi du moins tu ne te plaindras pas de moi, Patrie : je fais passer tes affaires avant les miennes.

ELLE *(accoudée dans l'oreiller)*. – Tu as raté ta vocation. Tu aurais dû te faire cabotin[3].

LUI. – Blague, pendant que tu en as le temps. Tu ne triompheras pas toujours, car entre ce monsieur et moi, ce n'est que partie remise.

ELLE. – Ah ! aouat !

LUI. – Que je le repince, ce monsieur ; qu'il me retombe jamais sous la main... Je lui flanquerai une petite leçon de savoir-vivre qui lui ôtera l'envie d'en recevoir une seconde.

ELLE. – Tu dis des bêtises.

LUI. – Je lui referai une éducation, moi, à ce monsieur.

ELLE. – Mais oui, mais oui.

LUI. – Avec mon pied dans le derrière.

ELLE. – C'est convenu.

---

notes

1. attenter à : commettre une attaque grave contre quelqu'un.
2. magnanime : généreux.
3. cabotin : comédien de second rang.

Jandeline (Elle) et Jean Mercure (Lui) dans *La Peur des coups*, théâtre des Ambassadeurs, Paris, 1946.

LUI. – Tu ne me crois pas ?

ELLE. – Je ne fais que ça.

LUI. – Tu ne fais que ça, seulement tu n'en penses pas un mot. Eh bien ! que je dégotte[1] son adresse, j'irai lui dire comment je m'appelle, tu verras si ça fait un pli[2].

ELLE. – C'est au point que si on te la donnait, tu irais le gifler de ce pas.

LUI. – De ce pas.

ELLE. – Homme intrépide !... La veux-tu ?

LUI. – Quoi ?

ELLE. – Son adresse.

LUI. – Tu as l'adresse de ce monsieur ?

ELLE *(qui enfin éclate)*. – Oui je l'ai ! et puis tu m'assommes ! *(Elle saute du lit, s'empare de son carnet de bal[3], qu'elle a déposé sur le chiffonnier, près du lit, et en feuillette les pages d'une main fiévreuse :)* Et puis, oui, il ne me déplaît pas ! et puis, oui, il m'a fait la cour ! et puis oui, il m'a dit de toi que tu avais une bonne tête de...

LUI. – Une bonne tête de quoi ?

ELLE. – Une bonne tête..., une bonne tête.., tu sais parfaitement ce que je veux dire...

LUI. – Pardon !...

ELLE. – Et puis oui, je suis une honnête femme ! et puis oui, tu ne seras satisfait que quand je serai devenue autre chose !

---

notes

1. je dégotte : je trouve.
2. si ça fait un pli : si ça me pose problème.
3. carnet de bal : carnet dans lequel une danseuse inscrit les danses pour lesquelles elle a été retenue. Le mot désigne un simple carnet (que l'on emmène au bal) dans lequel on peut noter des adresses.

et puis oui, il m'a remis sa carte ! et cette carte la voici ! et tu sais maintenant où le trouver et tu peux y aller tout de suite, lui casser les reins à ce monsieur !

Lui *(formidable[1])*. – Sa carte ! sa carte ! Je me fous de sa carte comme de lui-même, ce qui n'est pas peu dire. Tiens, voilà ce que j'en fais, de sa carte : des confetti ! Polisson ! Drôle !... qui a le toupet de donner son adresse à une femme mariée...

Elle *(très sèche)*. – Mais...

Lui. – ... et qui se permet de dire de moi que j'ai une bonne tête de... !

Elle *(qui se recouche)*. – Si c'est son opinion.

Lui. – Je l'en ferai changer avant qu'il soit l'âge d'un cochon de lait[2], et pas plus tard qu'à l'instant même. *(Même jeu de scène que précédemment. Il a couru à son pardessus qu'il a enfilé précipitamment. Il se coiffe de son chapeau.)* Qu'est-ce que j'en ai fait de cette carte ?
Il fouille ses poches.

Elle. – Rue Grange-Batelière, 17.

Lui *(sourd comme un pot)*. – Nom d'un chien, je l'ai égarée ! ces choses-là n'arrivent qu'à moi.

Elle. – Rue Grange-Batelière, 17.

Lui *(de plus en plus sourd)*. – Il n'y a de la veine que pour la canaille, on a bien raison de le dire.

Elle. – Rue Grange-Batelière, 17.

Lui. – Quoi, rue Grange-Batelière ? Quoi, rue Grange-Batelière ? Est-ce que tu vas me raser longtemps avec ta rue

---

notes

1. formidable : furieux.

2. cochon de lait : petit cochon qui tète encore.

L'expression signifie « très rapidement ».

Grange-Batelière ? *(Enlevant violemment son pardessus et son chapeau.)* D'abord qu'est-ce que c'est que ces façons d'élever la voix lorsque je parle et de causer en même temps que moi ?

ELLE. – Ce monsieur...

LUI *(qui bondit vers le lit).* – Ah ! je t'y pince[1] ! *(Stupéfaction de madame.)* Tu voudrais détourner la question, fine mouche[2].

ELLE. – Moi ?

LUI. – Je te prends la main dans le sac, flagrant délit d'impertinence ; alors toi, tout de suite : « Ce monsieur ». Tu es rouée comme une potence[3] ; seulement voilà, ça ne prend pas avec moi, ces malices cousues de corde à puits[4].

ELLE *(au comble de l'énervement).* – Oh ! Oh ! Oh !

LUI. – Pas une minute ! Fais-toi bien à cette idée-là. D'ailleurs, tout ça, je sais de qui ça vient.

ELLE. – Ça vient de quelqu'un ?

LUI. – Ça vient de ta mère.

ELLE *(abasourdie).* – Ça c'est un comble, par exemple !... Qu'est-ce que maman a à voir là-dedans ?

LUI. – Elle a à voir que si jamais elle remet les pieds ici, je la prends par le bras et la flanque à la porte.

ELLE *(qui fond en larmes).* – Hi ! hi ! hi !

LUI. – Absolument. Et quant à toi, je te défends de retourner chez elle, ou c'est à moi que tu auras affaire.

Crise de sanglots de madame qui s'effondre dans son oreiller.

---

notes

1. je t'y pince : je t'y prends.
2. fine mouche : femme rusée.
3. rouée comme une potence : expression employée pour désigner une personne particulièrement rusée.
4. cousues de corde à puits : déformation de l'expression « cousu de fil blanc » qui signifie « évident », « très grossier ».

LUI *(allant et venant par la chambre).* – C'est comme la bonne. En voilà une qui ne moisira pas ici. Je vais lui octroyer ses huit jours[1], le temps de compter jusqu'à cinq ! Ah ! et puis il y a le chat que j'oubliais ! une saloperie qui passe sa vie à aller faire ses ordures dans les porte-parapluies de l'antichambre[2]. Il aura de mes nouvelles, le chat : je vais le foutre par la fenêtre et nous verrons un peu s'il retombera sur ses pattes ! *(Se jetant les bras sur la poitrine.)* Non, mais enfin je vous le demande ; qu'est-ce que c'est qu'un monde pareil ? Tout ceci va changer. La mère, la fille, la bonne, le chat, je vais vous faire valser tous les quatre, ah là là ! Ah ! je suis un monsieur qui a peur des coups ! Ah ! je suis un monsieur qui a peur des coups !...

Grêle de coups de canne en travers du guéridon. Hurlements désolés de madame.

notes

1. lui octroyer ses huit jours : la congédier, la renvoyer sous huit jours.

2. antichambre : pièce d'entrée qui donne accès aux autres pièces.

Au fil du texte

Questions sur *La Peur des coups* (pp. 7 à 26)

QUE S'EST-IL PASSÉ ?

1. Complétez les phrases suivantes.

a) Le couple revient d'un ....
Il est .... du matin.

b) L'homme reproche à sa femme d'avoir été complaisante avec un ....

c) Lors d'un feu d'artifice sur ...., l'homme aurait fait preuve de lâcheté.

d) En six mois, il a renvoyé .... bonnes.

e) Après avoir écrit au capitaine, l'homme menace de lui envoyer son ....

AVEZ-VOUS BIEN LU ?

2. Quel objet la jeune femme prend-elle sur la cheminée ? Qu'en fait-elle ?

3. Que devient le premier mot écrit au capitaine ? Pourquoi, selon vous ?

4. Où Aglaé a-t-elle conservé l'adresse du capitaine ?

5. Que fait l'homme avec la carte de visite du soldat ? Quelle est son intention ?

6. Pour quelle raison Aglaé fond-elle en larmes ?

Au fil du texte

ÉTUDIER LA GRAMMAIRE

7. Quels sont les différents types de phrases habituellement reconnus ? Donnez un exemple pour illustrer chacun de ces types pris dans les premières lignes de l'échange.

8. Quel est le personnage qui utilise les phrases interrogatives dans les premiers échanges ? Pourquoi, selon vous ? Y a-t-il une évolution au cours de la scène ?

étymologie : origine d'un mot.

9. Donnez trois exemples d'utilisation du mode impératif.

10. Donnez le temps et le mode des verbes soulignés et expliquez leur emploi : « *Penses-tu que je n'en <u>aie</u> pas autant à ton service ?* » (l. 90) ; « *Ne te gêne pas pour moi. Ça me <u>contrarierait</u>* » (l. 18) ; « *Quand il me l'<u>aurait faite</u> la cour, ce brin de cour autorisé d'homme du monde à honnête femme ?* » (l. 103 à 105) ; « *Veux-tu que j'y <u>aille</u> tout de suite ?* » (l. 202-203) ; *Non, mais passe-le donc, que je <u>voie</u>, et va donc lui donner de ton pied, à ce monsieur* » (l. 217-218).

ÉTUDIER LE VOCABULAIRE

11. Quelle est l'étymologie★ de l'expression « *mettre le feu aux poudres* » (l. 42) ?

12. Recherchez l'étymologie du mot « *salamalecs* » (l. 109). À quelle langue le mot est-il emprunté ? Citez cinq autres mots issus de la même langue.

13. Recherchez l'étymologie du mot « *paltoquet* » (au pluriel l. 157).

14. Expliquez l'expression « *la sottise n'a pas de crocs* » (l. 181-182).

15. Relevez deux expressions qui désignent la lâcheté dans les propos d'Aglaé.

ÉTUDIER L'ORTHOGRAPHE

16. « *Ah ! et puis il y a le chat que j'oubliais ! une saloperie qui passe sa vie à aller faire ses ordures dans les porte-parapluies de l'antichambre. Il aura de mes nouvelles, le chat : je vais le foutre par la fenêtre et nous verrons un peu s'il retombera sur ses pattes !* » (l. 373 à 377). Remplacez le nom « *chat* » par un pluriel et faites toutes les transformations nécessaires.

17. Expliquez l'orthographe du mot « *porte-parapluies* » dans ce passage.

ÉUDIER UN THÈME : LA DISPUTE

18. Est-ce la première dispute du couple ? Justifiez votre réponse.

19. Qui déclenche la dispute, selon vous ?

20. Quels reproches chacun des personnages fait-il à son partenaire ? Vous essaierez d'identifier les différentes étapes dans cette dispute.

21. Pour quelle raison Courteline intitule-t-il sa pièce *La Peur des coups*, selon vous ? L'expression est-elle présente dans le dialogue ?

22. Selon vous, le personnage masculin fait-il preuve de courage ou de lâcheté ? Peut-on dire qu'il fait preuve de « mauvaise foi » ?

Au fil du texte

23. À la fin de la dispute, qui semble avoir eu le dessus ? Peut-on parler d'une victoire pour ce personnage ?

ÉTUDIER LE DISCOURS

24. Quelle est la fonction de la première didascalie* ?

25. Montrez que Courteline soigne particulièrement l'écriture de ses indications scéniques en utilisant deux exemples précis.

didascalie : indication scénique donnée par l'auteur accompagnant le texte d'une œuvre théâtrale.

26. Qu'est-ce qu'un « aparté » au théâtre ? Donnez un exemple.

27. Quel mot est suggéré par Aglaé (l. 314) sans être prononcé ? Qu'entraîne cette remarque, selon vous ?

28. Analysez la dernière réplique de la pièce. Que montre-t-elle ?

ÉTUDIER LE GENRE : LA COMÉDIE VAUDEVILLE

29. Pour quelle raison peut-on dire que cette pièce est une comédie et s'inscrit dans la tradition du vaudeville ?

30. Est-ce plutôt, selon vous, une comédie d'intrigue ou une comédie de caractère ? Justifiez votre réponse.

31. À quel auteur de comédie est-il fait allusion dans le dialogue ? À quel genre appartient la pièce mentionnée ?

ÉTUDIER L'ÉCRITURE

32. Qu'est-ce qu'un énoncé ironique ? Donnez deux exemples pour illustrer ce procédé.

33. Cherchez dans un dictionnaire ou sur Internet la définition du mot « aposiopèse ».

34. À quels moments les répliques sont-elles inachevées ? Qu'indique ce procédé ?

35. Citez les expressions et les mots péjoratifs utilisés par le personnage masculin pour désigner son rival. Que peut-on remarquer ?

LIRE L'IMAGE

36. À quel moment précis du dialogue l'image proposée à la page 15 correspond-elle ? Quelle est l'attitude d'Aglaé ?

À VOS PLUMES !

37. Imaginez une scène de jalousie qui confronte deux personnages contemporains revenant d'une fête. Vous utiliserez des indications scéniques pour présenter le décor et accompagner le dialogue.

38. Imaginez le mot que pourrait écrire l'officier à la jeune femme, le lendemain de leur rencontre.

Affiche pour le théâtre parisien le Grand-Guignol.

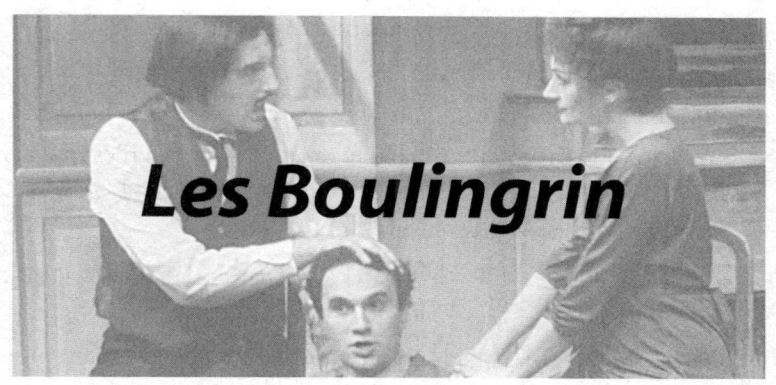

Les Boulingrin

PERSONNAGES
DES RILLETTES
BOULINGRIN
MADAME BOULINGRIN
FÉLICIE.

Le théâtre[1] *représente un salon.*

SCÈNE I
DES RILLETTES, FÉLICIE

DES RILLETTES *(qui vient d'introduire Félicie).* – Ces Boulingrin que j'ai rencontrés l'autre jour à la table des Duclou et qui m'ont invité à venir de temps en temps prendre une tasse de thé chez eux, me paraissent de charmantes gens[2] et je crois que je goûterai en leur compagnie infiniment de satisfaction.

FÉLICIE. – Si monsieur veut bien prendre la peine de s'asseoir ?... Je vais aller avertir mes maîtres.

---

notes

1. le théâtre : la scène.

2. de charmantes gens : le mot « gens » est un nom qui accepte l'accord au masculin et au féminin.

Des Rillettes. – Je vous remercie. Ah !

Félicie. – Monsieur ?

Des Rillettes. – Comment vous appelez-vous, ma belle ?

Félicie. – Je m'appelle Félicie, et vous ?... Oh ! ce n'est pas par indiscrétion, c'est pour savoir qui je dois annoncer.

Des Rillettes. – Trop juste. Des Rillettes.

Félicie *(égayée)*. – Des Rillettes ?

Des Rillettes. – Des Rillettes.

Félicie. – Ma foi, j'ai connu pire que ça. Ainsi tenez, dans mon pays, à Saint-Casimir près Amboise[1], nous avions un voisin qui s'appelait Piédevache[2].

Des Rillettes. – Oui ? Eh bien, allez donc informer de ma visite Mme et M. Boulingrin.

Félicie. – J'y vais.
Fausse sortie.

Des Rillettes. – Au fait, non. Un moment. Approchez un peu, que je vous parle. *(Lui prenant le menton.)* Vous n'êtes pas qu'une jolie fille, vous.

Félicie *(modeste)*. – Peuh...

Des Rillettes. – Vous êtes aussi une fine mouche[3].

Félicie. – Peuh...

Des Rillettes. – De mon côté, j'ose prétendre que je ne suis pas un imbécile.

Félicie. – Peuh... Pardon, je pensais à autre chose.

---

notes

1. *Amboise* : ville du Val de Loire, en Touraine.
2. *Piédevache* : nom de personnage déjà utilisé par le père de Courteline, l'écrivain Jules Moinaux, dans *Le Monsieur au parapluie*.
3. *fine mouche* : personne fine et rusée.

DES RILLETTES. – Je crois que nous pourrons nous entendre. Il y a longtemps que vous servez ici ?

FÉLICIE. – Bientôt deux ans.

DES RILLETTES. – À merveille ! Vous êtes la femme qu'il me faut.

FÉLICIE. – Vous voulez m'épouser ?

DES RILLETTES. – Ne faites pas la bête, ce n'est pas de cela qu'il s'agit.

FÉLICIE. – On peut se tromper. Excusez.

DES RILLETTES. – Félicie, écoutez-moi bien, et surtout répondez franchement. Si vous mentez, mon petit doigt me le dira. En revanche, si vous êtes sincère, je vous donnerai quarante sous[1].

FÉLICIE. – C'est trop.

DES RILLETTES. – Cela ne fait rien ; je vous les donnerai tout de même.

FÉLICIE. – En ce cas, allez-y. Questionnez.

DES RILLETTES. – Entre nous, Mme et M. Boulingrin sont de fort aimables personnes ?

FÉLICIE. – Je vous crois.

DES RILLETTES. – Je l'aurais parié ! Gens simples, n'est-ce pas ?

FÉLICIE. – Tout ce qu'il y a de plus.

DES RILLETTES. – Un peu popote[2] ?

FÉLICIE. – Un peu beaucoup.

---

notes

1. sou : unité monétaire minimale valant un vingtième de l'ancien franc, soit cinq centimes (40 sous équivalent donc à deux francs).

2. popote : casanier, médiocre.

DES RILLETTES. – Très bien ! Ménage très uni, au surplus ?

FÉLICIE. – Uni ? Uni ? Mais c'est au point que j'en suis quelquefois gênée ! Jamais une discussion, toujours du même avis ! Deux tourtereaux, monsieur ! deux ramiers[1] !

DES RILLETTES. – Allons, je constate que mon flair aura fait des siennes une fois de plus. Je vais être ici comme dans un bain de sirop de sucre. Voilà vos deux francs, mon petit chat.

FÉLICIE. – Ça ne vous gêne pas ?

DES RILLETTES. – Non.

FÉLICIE. – Alors... merci, monsieur.

DES RILLETTES *(très grand seigneur[2])*. – Laissez donc !... Jamais je n'ai moins regretté mon argent. Salut ! demeure calme et tranquille, asile de paix où je me propose de venir trois fois par semaine passer la soirée cet hiver, les pieds chauffés à des brasiers qui ne me coûteront que la fatigue de leur présenter mes semelles, et abreuvé de tasses de thé qui ne me coûteront que la peine de les boire. Oh ! agréable perspective ! rêve longtemps caressé ! vision cent fois douce à l'âme du pauvre pique-assiette qui, sentant la vieillesse prochaine et pensant avec Racan[3] que l'instant est venu de faire la retraite, ne demande pas mieux que de la faire, à l'œil, sous le toit hospitalier d'autrui.

Cependant, depuis un instant, Félicie agacée mime le coup de rasoir, la joue caressée du revers de la main et le bout du nez pincé entre l'index et le pouce.

---

notes

1. ramiers : palombes (métaphore usuelle pour désigner les amoureux).
2. grand seigneur : avec superbe, comme le ferait un « grand seigneur ».
3. Racan : le marquis de Racan (1589-1670) est l'auteur des *Stances sur la retraite* dans lesquelles s'exprime le goût d'une vie modeste, solitaire et bucolique.

Affiche pour *Les Boulingrin* et autres pièces de Courteline, mise en scène de la compagnie de théâtre Le Valet de Cœur, Clermont-Ferrand, 2007.

DES RILLETTES *(se tournant vers elle qui interrompt brusquement sa mimique).* – C'est que, voyez-vous, mon enfant, plus on avance dans la vie, plus on en voit l'inanité[1]. Qu'est la volupté ? Un vain mot ! Qu'est le plaisir ? Une apparence ! Vous me direz que pour un vieux célibataire, la vie de café a bien ses charmes. C'est vrai, mais que d'inconvénients ! À la longue, ça devient monotone, onéreux[2], et puis il arrive un âge où...

FÉLICIE. – Oh !

DES RILLETTES. – Qu'est-ce qu'il y a ?

FÉLICIE. – J'ai oublié de refermer le robinet de la fontaine.

DES RILLETTES. – Petite bête ! Ça doit être du propre.

FÉLICIE. – Je me sauve. Je vous annoncerai en même temps.

Elle sort.

SCÈNE II
DES RILLETTES, SEUL.

Pas de cervelle, mais de l'esprit. Cette enfant ne me déplaît pas. L'appartement non plus, d'ailleurs. Ameublement bourgeois mais confortable, bourrelets[3] aux fenêtres et sous les portes... La cheminée *(Il s'accroupit devant l'âtre[4])* ronfle comme un sonneur[5] et tire comme un maître d'armes[6]. *(Se laissant tomber dans un fauteuil.)* Non, mais voyez donc ce ressort !... Des Rillettes, mon petit lapin, tu me parais avoir trouvé tes

---

notes

1. *inanité* : inutilité, vanité.
2. *onéreux* : coûteux.
3. *bourrelet* : longue gaine de tissu qui, ajustée à une ouverture, sert à isoler de l'air et du bruit un appartement ou à amortir un choc.

4. *âtre* : partie de la cheminée où l'on fait le feu.
5. *ronfler comme un sonneur* : ou « dormir comme un sonneur ». Cette expression renvoie au sommeil du sonneur de

cloches qui dort si bien que les cloches mêmes ne le réveillent pas.
6. *maître d'armes* : maître dans le maniement des armes, professeur d'escrime.

Invalides[1], et tu seras ici, je te le répète ni plus ni moins que dans un bain de sirop de sucre. Je te fais bien mes compliments. Du bruit ! Ce sont probablement M. et Mme Boulingrin.

---
note

1. tes Invalides : la demeure pour ton repos éternel.

Au fil du texte

Questions sur les scènes I et II des *Boulingrin* (pp. 32 à 39)

QUE S'EST-IL PASSÉ ?

1. Complétez les phrases suivantes.

a) Monsieur des Rillettes dialogue avec ...., la bonne des Boulingrin.

b) Elle a connu dans sa région un voisin portant un nom amusant : ....

c) Elle est au service des Boulingrin depuis ....

d) En échange des informations qu'elle lui délivre, des Rillettes lui promet ....

AVEZ-VOUS BIEN LU ?

2. Où des Rillettes a-t-il rencontré les Boulingrin ?

3. Selon la bonne, les Boulingrin forment-ils un couple uni ?

4. En hiver, combien de soirées des Rillettes compte-t-il passer chez les Boulingrin ?

5. Quels sont les détails que des Rillettes remarque dans sa description de l'appartement des Boulingrin ? Que révèlent-ils ?

ÉTUDIER LA GRAMMAIRE

6. Relevez quatre subordonnées relatives dans ces deux scènes, puis donnez la fonction du pronom relatif pour chacune d'elles.

7. Le pronom « qui » est-il toujours un pronom relatif ? Donnez un exemple précis pour illustrer votre réponse.

ÉTUDIER LE VOCABULAIRE

8. Cherchez la signification et l'étymologie* du mot « boulingrin ». À quelle langue est-il emprunté ? Quels mots français courants pourriez-vous reconnaître dans « boulingrin » ?

9. Que désigne le mot « rillettes » quand il est un nom commun ? Ce nom donne-t-il une première indication sur le genre de la pièce ?

10. Que veut dire le mot *« popote »* (l. 55) aujourd'hui ? À quel registre de langue appartient-il ?

11. Quel est le synonyme* du mot *« pique-assiette »* (l. 75) qu'emploie des Rillettes ?

étymologie : origine d'un mot.

synonyme : mot qui a le même sens qu'un autre.

ÉTUDIER UN THÈME : LE PARASITE

12. Recherchez un exemple de « parasite » dans le théâtre antique en faisant une recherche sur Internet. Est-ce un personnage de comédie ou de tragédie ?

13. Quels sont les compliments que des Rillettes prodigue à la bonne ? Pour quelles raisons, selon vous ?

14. Notez deux expressions qui indiquent la vanité de des Rillettes.

15. Quelles sont les intentions précises de des Rillettes ? Qu'apprend-on sur sa situation personnelle ou sur son caractère dans cette scène ?

Au fil du texte

ÉTUDIER LE DISCOURS

16. Qu'est-ce qu'un « monologue » ? Où avons-nous un monologue dans ce passage ? Quelle fonction a-t-il pour le spectateur (ou le lecteur) ?

17. Pour quelle raison Félicie demande-t-elle à des Rillettes : « *Vous voulez m'épouser ?* » (l. 38).

18. Qu'est-ce qu'une scène d'exposition ? Quelles informations des Rillettes a-t-il obtenu au terme de son échange avec la bonne ?

ÉTUDIER L'ÉCRITURE

19. Cherchez une définition du « burlesque » et montrez que le discours de des Rillettes (prononcé sur un ton solennel) peut illustrer cette notion. Donnez deux exemples précis.

20. Quelles périphrases★ des Rillettes utilise-t-il pour désigner la maison des Boulingrin ?

21. Relevez quelques comparaisons★ utilisées par des Rillettes. Qu'indique l'emploi de ces comparaisons, selon vous ?

ÉTUDIER LE GENRE : LA COMÉDIE

22. Pour quelles raisons peut-on dire que nous lisons une « comédie » ? Donnez deux arguments pour justifier votre réponse.

23. À quels moments Félicie fait-elle des mimiques ? Qui les voit ? Quelles fonctions ont-elles ?

---

périphrase : procédé qui consiste à dire en plusieurs mots ce que l'on pourrait dire en un seul.

comparaison : relation entre un élément comparant et un élément comparé afin d'en souligner les points communs.

24. Peut-on dire que des Rillettes est un peu ridicule ?

25. Essayez de transposer ces deux scènes dans un décor et un milieu contemporains. Modifiez les didascalies* pour tenir compte de ces changements.

LIRE L'IMAGE

26. Quels sont les éléments amusants ou burlesques que vous pouvez repérer sur l'affiche de la page 37 ?

À VOS PLUMES !

27. Ajoutez quelques indications scéniques pour préciser le jeu des acteurs dans la scène I.

28. Imaginez un parasite contemporain s'introduisant dans un cocktail ou dans une fête officielle. Vous construirez un dialogue théâtral.

didascalie : indication scénique donnée par l'auteur, accompagnant le texte d'une œuvre théâtrale.

Scène III

DES RILLETTES, LES BOULINGRIN

DES RILLETTES. — Madame et monsieur Boulingrin, je suis bien votre serviteur[1].

BOULINGRIN. — Eh ! bonjour, monsieur des Rillettes.

MADAME BOULINGRIN. — C'est fort aimable à vous d'être venu nous voir.

BOULINGRIN. — Vous tombez à propos.

DES RILLETTES. — Bah !

MADAME BOULINGRIN. — Comme marée en carême[2].

DES RILLETTES. — J'en suis bien aise.

MADAME BOULINGRIN. — Dites-moi, monsieur des Rillettes...

DES RILLETTES. — Madame ?...

BOULINGRIN *(le tirant par le bras gauche)*. — Pardon ! moi d'abord.

MADAME BOULINGRIN *(le tirant par le bras droit)*. — Non. Moi !

BOULINGRIN. — Non !

MADAME BOULINGRIN. — N'écoutez pas, monsieur des Rillettes. Mon mari ne dit que des bêtises.

BOULINGRIN. — Que des bêtises !...

MADAME BOULINGRIN. — Oui, que des bêtises.

BOULINGRIN. — Tu vas voir un peu, tout à l'heure, si je ne vais pas aller t'apprendre la politesse avec une bonne paire de claques. Espèce de grue[3] !

MADAME BOULINGRIN. — Voyou !

---

notes

1. votre serviteur : formule de politesse qui veut dire « à votre service ».

2. arriver comme marée en carême : arriver fort à propos.

3. grue : femme légère, prostituée.

LES BOULINGRIN

BOULINGRIN. – Comment as-tu dit cela ?

MADAME BOULINGRIN. – J'ai dit : « Voyou. »

BOULINGRIN. – Tonnerre !... Et puis tu embêtes monsieur. Veux-tu bien le lâcher tout de suite.

MADAME BOULINGRIN. – Lâche-le toi-même.

BOULINGRIN. – Non. Toi !

MADAME BOULINGRIN. – Non !

DES RILLETTES (*écartelé*). – Oh !

MADAME BOULINGRIN. – Tu entends. Tu le fais crier.

DES RILLETTES. – Excusez-moi, madame et monsieur Boulingrin, mais je vois que vous êtes en affaires et je craindrais d'être importun[1].

BOULINGRIN. – Nullement.

MADAME BOULINGRIN. – Point du tout.

BOULINGRIN. – Au contraire.

DES RILLETTES. – Cependant...

BOULINGRIN. – Au contraire, vous dis-je. (*Lui avançant une chaise.*) Tenez !

MADAME BOULINGRIN (*même jeu*). – C'est cela. Prenez un siège.

DES RILLETTES. – Merci.

BOULINGRIN. – Non. Pas celui-ci ; celui-là !

DES RILLETTES. – Mille grâces[2].

MADAME BOULINGRIN. – Non. Pas celui-là ; celui-ci.

BOULINGRIN. – Non.

notes

1. importun : gênant.

2. mille grâces : mille fois merci.

MADAME BOULINGRIN. – Si.

BOULINGRIN. – Non.

MADAME BOULINGRIN. – Si.

BOULINGRIN. – Est-ce que ça va durer longtemps ? Vas-tu ficher la paix à M. des Rillettes ?

DES RILLETTES. – En vérité, je suis désolé.

MADAME BOULINGRIN. – Pourquoi donc ?

BOULINGRIN. – Il n'y a pas de quoi.

MADAME BOULINGRIN ET BOULINGRIN *(ensemble)*. – Asseyez-vous.

MADAME BOULINGRIN *(qui a réussi à amener une chaise sous les fesses de des Rillettes)*. – Là !

BOULINGRIN *(qui se précipite)*. – Pas sur celle-là, je vous dis !
Il enlève, d'un tour de main, la chaise avancée par sa femme, en sorte que des Rillettes, qui allait justement s'y asseoir, tombe, le derrière sur le plancher.

MADAME BOULINGRIN *(triomphante)*. – Tu vois ! *(Pendant tout le couplet*[1] *qui suit, madame Boulingrin, calme et exaspérante, s'obstine à répéter :)* Imbécile !
Tandis que :

BOULINGRIN *(légitimement indigné)*. – Eh ! c'est de ta faute, aussi ! Pourquoi as-tu voulu le forcer à s'asseoir sur une chaise qui le répugnait[2] ? Tu serais bien avancée, n'est-ce pas, s'il s'était cassé la figure ?... Imbécile ?... Imbécile toi-même ! Quel monstre de femme, mon Dieu ! Pourquoi faut-il que j'aie trouvé ça sur mon chemin ? *(À des Rillettes.)* Vous ne vous êtes pas blessé, j'espère ?

notes

1. couplet : réplique.   **2. répugnait :** rebutait.

DES RILLETTES *(qui se frotte mélancoliquement le fond de culotte)*. – Oh ! si peu que ce n'est pas la peine d'en parler.

BOULINGRIN. – Vous m'en voyez ravi. Approchez-vous du feu.

DES RILLETTES *(à part)*. – Je suis fâché d'être venu.

MADAME BOULINGRIN *(empressée)*. – Prenez ce coussin sous vos pieds.

DES RILLETTES. – Merci beaucoup.

BOULINGRIN *(que la civilité de sa femme commence à agacer, et qui fourre un second coussin sous le premier)*. – Prenez également celui-ci.

DES RILLETTES. – Bien obligé.

MADAME BOULINGRIN *(qui ne saurait, sans déchoir, accepter de son mari une leçon de courtoisie)*. – Et celui-là.

Elle glisse un troisième coussin sous les deux autres.

DES RILLETTES. – En vérité...

BOULINGRIN *(armé d'un quatrième coussin)*. – Cet autre encore.

DES RILLETTES. – Non.

MADAME BOULINGRIN. – Ce petit tabouret.

DES RILLETTES *(les genoux à la hauteur de l'œil)*. – De grâce.

BOULINGRIN. – Eh ! laisse-nous tranquilles avec ton tabouret ! *Exaspéré, il envoie un coup de pied dans la pile de coussins échafaudée sous les semelles de des Rillettes. Les coussins s'écroulent, entraînant naturellement, dans leur chute, la chaise de des Rillettes et des Rillettes avec.*

Tu assommes M. des Rillettes.

DES RILLETTES *(les quatre fers en l'air)*. – Quelle idée !

MADAME BOULINGRIN. – C'est toi qui le rases.

BOULINGRIN *(avec autorité)*. – Allons, tais-toi !

Jacques Germain et François Champeau (Boulingrin et des Rillettes) et Danièle Stefan (Madame Boulingrin) dans une mise en scène d'Andonis Vouyoucas par la compagnie théâtrale Chatot Vouyoucas, théâtre de Châtillon, 1987.

210 MADAME BOULINGRIN. — Je me tairai si je veux.

BOULINGRIN. — Si tu veux ?

MADAME BOULINGRIN. — Oui, si je veux.

BOULINGRIN. — ... de Dieu !

MADAME BOULINGRIN. — Et je ne veux pas, précisément.

215 BOULINGRIN. — C'est trop fort !... Coquine !

MADAME BOULINGRIN. — Cocu !

BOULINGRIN. — Gaupe[1] !

note

1. gaupe : femme malpropre et désagréable, prostituée ou femme dévergondée.

MADAME BOULINGRIN. – Gouape[1] !

BOULINGRIN. – Quelle existence !

MADAME BOULINGRIN. – Je te conseille de te plaindre. *(À des Rillettes.)* Un fainéant doublé d'un escroc, qui ne fait œuvre de ses dix doigts et se saoule avec l'argent de ma dot[2] : les économies de mon vieux père !

BOULINGRIN *(au comble de la joie)*. – Ton père !... *(À des Rillettes.)* Dix ans de travaux forcés pour faux en écritures de commerce[3].

MADAME BOULINGRIN. – En tout cas, on ne l'a pas fourré à Saint-Lazare[4] pour excitation de mineure à la débauche, comme la mère d'un imbécile que je connais.

BOULINGRIN *(à des Rillettes)*. – Vous l'entendez ?

DES RILLETTES. – Ne trouvez-vous pas que le temps s'est étrangement rafraîchi depuis une quinzaine de jours ?

BOULINGRIN *(à sa femme)*. – Ne me force pas à révéler en l'infection de quel cloaque[5] je t'ai pêchée de mes propres mains.

MADAME BOULINGRIN. – Pêchée !... Tu ne manques pas d'audace et je serais curieuse de savoir lequel de nous a pêché l'autre !

BOULINGRIN. – Ernestine !

MADAME BOULINGRIN *(formidable[6])*. – Silence, ou je dis tout ! ! !

BOULINGRIN *(trépignant)*. – Ah !... Ah !... Ah !...

---

notes

1. gouape : voyou, ivrogne.
2. dot : bien apporté par la famille à l'occasion du mariage de leur fille.
3. faux en écritures de commerce : production d'un document faux (ou à la signature falsifiée) dans le domaine du commerce.
4. Saint-Lazare : les bâtiments de l'hôpital Saint-Lazare furent convertis en prison en 1793 avant d'être consacrés uniquement aux femmes détenues en 1896 (la pièce date de 1898).
5. cloaque : lieu destiné aux déchets.
6. formidable : prenant un aspect terrifiant.

DES RILLETTES *(avide de concilier).* – Du calme !... Madame a raison.

BOULINGRIN *(qui bondit).* – Raison ?

DES RILLETTES *(doux et souriant).* – Oui.

245 BOULINGRIN. – Raison !

DES RILLETTES. – Mais...

BOULINGRIN. – Raison !... Ah ça ! monsieur des Rillettes, vous voulez donc que je vous extermine ?

DES RILLETTES. – En aucune façon, monsieur. Je vous prie
250 même de n'en rien faire.

BOULINGRIN. – Certes, je puis le dire à voix haute : au cours de ma longue carrière, j'ai entendu des crétins proférer des extravagances. Ça ne fait rien, je veux que mon visage se couvre de pommes de terre si j'ai jamais, au grand jamais,
255 ouï[1] pareille insanité[2] !

DES RILLETTES. – Ah ! mais pardon !

BOULINGRIN. – Raison !

DES RILLETTES. – Voulez-vous me permettre ?

BOULINGRIN. – Raison !

260 DES RILLETTES. – Écoutez-moi.

BOULINGRIN *(hors de lui).* – Une trique ! Qu'on m'apporte une trique ! Je veux casser les reins à M. des Rillettes, car la patience a des limites et, à la fin, ceci passe la permission[3]. Comment ! Voilà une bougresse[4], fille de voleurs, voleuse

---

notes

1. ouï : entendu.
2. insanité : folie, sottise.
3. ceci passe la permission : ceci dépasse les bornes.
4. bougresse : pauvre femme.

elle-même, qui me fait tourner en bourrique[1], m'écorche, me larde[2], me fait cuire à petit feu, et c'est elle qui a raison !... une gueuse[3] qui me suce le sang, me ronge le cerveau, le poumon, les reins, les pieds, le foie, la rate, l'œsophage, le pancréas, le péritoine et l'intestin, et c'est elle qui a raison !

DES RILLETTES. – Voyons...

MADAME BOULINGRIN. – Ne faites pas attention, il est fou.

BOULINGRIN. – Raison !... Vous dites qu'elle a raison parce que vous parlez sans savoir, comme une vieille bête que vous êtes.

DES RILLETTES *(assez sec).* – Trop aimable.

BOULINGRIN. – ... Mais si vous étiez à ma place, vous changeriez d'opinion. Oui, ah ! je voudrais bien vous y voir ! Vous en feriez une, de bouillotte[4], si on vous mettait à la broche avec une gousse d'ail dans le derrière, et qu'on vous foute ensuite à roter devant le feu, depuis le premier janvier jusqu'à la Saint-Sylvestre.

DES RILLETTES. – Comment ! à roter devant le feu !...

BOULINGRIN *(se reprenant).* – À rôtir... Je ne sais plus ce que je dis.

MADAME BOULINGRIN. – Il est fou à lier.

BOULINGRIN. – Fou à lier ?... Gueuse ! Scélérate ! Plaie de ma vie ! *(Saisissant des Rillettes par un bouton de sa redingote et le secouant comme un prunier.)* Mais monsieur, jusqu'à mon manger !... où elle fourre de la mort-aux-rats, histoire de me ficher la colique !

Le bouton saute.

---

notes

1. fait tourner en bourrique : se moque de moi, me rend fou.
2. larde : pique, écorche (avec un couteau).
3. gueuse : misérable.
4. bouillotte : visage, tête (en argot).

MADAME BOULINGRIN. – Quel toupet ! *(Saisissant des Rillettes par un second bouton, qui saute comme le premier.)* C'est lui, au contraire, qui met des bouchons dans le vin, afin de le rendre imbuvable !

BOULINGRIN. – Menteuse !

MADAME BOULINGRIN. – Je mens ? C'est bien simple. *Elle sort.*

SCÈNE IV
BOULINGRIN, DES RILLETTES

BOULINGRIN. – C'est ça ! File, que je ne te revoie plus !... que je n'entende plus parler de toi !

DES RILLETTES *(à part).* – Qu'est-ce que c'est que ces gens-là ?... Qu'est-ce que c'est que ces gens-là ? Fuyons avec célérité[1].

BOULINGRIN *(s'approchant de lui).* – Monsieur des Rillettes ?

DES RILLETTES. – Monsieur ?

BOULINGRIN. – J'ai des excuses à vous faire. Je crains de m'être laissé aller à un fâcheux emportement et de ne pas vous avoir traité avec les égards voulus.

DES RILLETTES *(jouant la surprise).* – Quand cela ? Où ?

BOULINGRIN. – Tout à l'heure. Ici.

DES RILLETTES. – Je ne sais ce que vous voulez dire. Vous avez été, au contraire, d'une correction irréprochable, et je suis touché au plus haut point de votre excellent accueil. *(Boulingrin, souriant et confus, lui serre chaleureusement la main.)* Adieu.

BOULINGRIN. – Quoi ! déjà ?

---
note
1. célérité : rapidité.

DES RILLETTES. – Hélas, oui. Je suis appelé au dehors par une affaire des plus pressantes[1], et je dois prendre congé de vous.

BOULINGRIN. – Vous plaisantez.

DES RILLETTES. – Du tout.

BOULINGRIN. – Allons, vous allez accepter un rafraîchissement.

DES RILLETTES. – N'en croyez rien.

BOULINGRIN. – Si fait, si fait[2], nous ne nous quitterons pas sans avoir bu un coup et choqué le verre à notre bonne amitié. *(Geste de des Rillettes.)* N'insistez pas, vous me blesseriez. *(Il sonne.)* Je croirais que vous avez de la rancune contre moi. *(À la bonne qui apparaît.)* Allez me chercher une bouteille de champagne.

FÉLICIE. – Bien, m'sieu.
Elle sort.

DES RILLETTES *(consentant à capituler)*. – Enfin !...

BOULINGRIN *(ravi)*. – Ah !

DES RILLETTES. – J'accepte votre invitation pour ne pas vous désobliger[3], mais j'entends ne plus être mêlé à vos dissensions intestines[4]. Elles sont sans intérêt pour moi et me mettent dans des positions fausses, sans parler des boutons de mon habit qui y restent, et de mes fesses, qui s'en ressentent.

BOULINGRIN. – Marché conclu.

DES RILLETTES *(la main tendue)*. – Tope ?

BOULINGRIN *(tapant)*. – Tope !

DES RILLETTES. – En ce cas, asseyons-nous.

---

notes

1. pressantes : urgentes.
2. si fait : mais si, bien sûr que si.
3. désobliger : froisser.
4. dissensions intestines : querelles intimes.

340 *Ils prennent chacun une chaise, s'installant l'un près de l'autre, et, souriants, se contemplent un instant en silence. À la fin :*

BOULINGRIN *(avec enjouement[1])*. — J'ai idée, monsieur des Rillettes, que nous allons faire, à nous deux, une solide paire d'amis.

345 DES RILLETTES. — C'est aussi mon avis.

BOULINGRIN. — Vous m'êtes fort sympathique. *(Geste discret de des Rillettes.)* Je vous le dis comme je le pense. Sans doute, j'apprécie vivement l'agrément de votre causerie[2], pleine d'aperçus ingénieux, fertile en piquantes anecdotes et en mots
350 à l'emporte-pièce[3], mais une chose surtout me plaît en vous : le parfum de franchise, de droiture, qui émane de votre personne. Gageons[4] que la sincérité est votre vertu dominante ?

DES RILLETTES *(modeste, mais juste)*. — Forcé d'en convenir.

BOULINGRIN. — À merveille ! Nous allons l'établir sur l'heure.
355 Donnez-moi votre parole d'honneur de répondre sans ambages[5], sans détours et sans faux-fuyants, à la question que je vais vous poser.

DES RILLETTES. — Je vous la donne.

BOULINGRIN. — Bien. Dites-moi. Tout de bon, là, le cœur sur
360 la main, croyez-vous que depuis la naissance du monde on vit jamais rien de comparable, comme ignominie, comme horreur, comme infamie, comme abjection, à la figure de ma femme ?

DES RILLETTES *(se levant)*. — Ça recommence !

365 BOULINGRIN *(le forçant à se rasseoir)*. — Ah ! vous en convenez !

---

notes

1. enjouement : joie.
2. causerie : conversation.
3. mots à l'emporte-pièce : mots incisifs et acerbes.
4. gageons : parions.
5. sans ambages : sans détours de langage.

DES RILLETTES. — Permettez.

BOULINGRIN. — Et encore, si ce n'était que sa figure ! Mais il y a pis que cela, monsieur, il y a sa mauvaise foi sans nom, sa bassesse d'âme sans exemple. Tenez, un détail dans le tas[1]. Nous faisons lit commun, n'est-ce pas !

DES RILLETTES *(impatienté)*. — Eh ! que diable !...

BOULINGRIN. — Sapristi, laissez-moi donc parler. Vous vous expliquerez tout à l'heure. Donc, nous faisons lit commun. Moi, je couche au bord, elle dans le fond. Ça l'embête. Très bien ; qu'est-ce qu'elle fait ? Elle m'envoie des coups de pied dans les jambes toute la nuit ! Comme ceci.
Il lance un coup de pied dans le tibia de des Rillettes.

DES RILLETTES *(hurlant)*. — Oh !

BOULINGRIN. — Hein ? Quelle sale bête !... Ou alors, elle me tire les cheveux ! Comme cela.

DES RILLETTES *(rugissant)*. — Ah !

BOULINGRIN. — N'est-ce pas, monsieur, que ça fait mal ?... Bien mieux ! Quelquefois, le matin, est-ce qu'elle ne m'envoie pas des gifles à tour de bras, sous prétexte de s'étirer ? Parfaitement ! Tenez, voilà comment elle fait. *(Il bâille bruyamment, et, dans le même temps, jouant la comédie d'une personne qui s'étire les membres au réveil, il envoie une gifle énorme à des Rillettes.)* Vous croyez que c'est agréable ?

DES RILLETTES. — Non ! Non ! Et, en voilà assez ! Et je ne suis pas venu dans le monde pour qu'on m'y fasse subir des mauvais traitements. Et si, au grand jamais, je remets les pieds chez vous...

---

note

1. dans le tas : dans l'ensemble.

À ce moment :

MADAME BOULINGRIN *(qui est entrée en coup de vent, un verre de vin à la main).* – Buvez.

SCÈNE V
DES RILLETTES, LES BOULINGRIN

DES RILLETTES *(sursautant).* – Qu'est-ce que c'est que ça ?

MADAME BOULINGRIN. – Buvez !

BOULINGRIN. – Comment ! Tu n'es pas encore morte !

MADAME BOULINGRIN. – Zut, toi ! Mais buvez donc, monsieur. Je vous dis que ça sent le bouchon !

BOULINGRIN. – Mauvaise gale ! Tu ne l'emporteras pas en paradis !
Il sort.

Affiche pour le théâtre parisien le Grand-Guignol.

Au fil du texte

Questions sur les scènes III à V des *Boulingrin* (pp. 44 à 56)

QUE S'EST-IL PASSÉ ?

1. Complétez les phrases suivantes.

a) Monsieur Boulingrin se propose d'apprendre la politesse à sa femme avec une ....

b) Madame Boulingrin accuse son mari de dilapider l'argent de sa ....

c) Monsieur Boulingrin nous apprend que son beau-père a été condamné à ....

d) Madame Boulingrin se prénomme
....

e) Monsieur Boulingrin accuse sa femme de mettre de la mort-aux-rats dans ....

AVEZ-VOUS BIEN LU ?

2. Pour quelle raison peut-on dire que la scène III surprend, après le discours de Félicie ?

3. Pourquoi des Rillettes fait-il une première chute dans cette scène ?

4. Que désigne Saint-Lazare à cette époque ? Qui est censé avoir fait un séjour en ce lieu ?

5. Pour quelle raison monsieur Boulingrin menace-t-il des Rillettes ?

6. Pourquoi madame Boulingrin s'absente-t-elle à la fin de la scène III ?

Au fil du texte

ÉTUDIER LA GRAMMAIRE

7. Relevez deux exemples exprimant un rapport logique de cause avec une conjonction de coordination, puis avec une conjonction de subordination.

8. Relevez deux subordonnées complétives dans la scène III.

ÉTUDIER LE VOCABULAIRE

préfixe : partie du mot qui précède le radical et qui en modifie le sens.

9. Que signifie l'expression « *être fou à lier* » (l. 284) ?

10. Quelle est l'origine du mot « *redingote* » (l. 286) ? Connaissez-vous un autre mot formé de la même façon ?

11. Relevez deux adjectifs construits avec un préfixe* négatif et décomposez-les.

ÉTUDIER LE DISCOURS

12. Faites un tableau en relevant les insultes proférées par chacun des Boulingrin et comparez le vocabulaire utilisé. Quelles remarques peut-on faire ?

13. Quelles sont les différentes accusations portées dans la scène III ?

14. Certaines répliques de la scène IV deviennent ironiques et comiques pour le spectateur. Pourquoi ?

15. Des Rillettes essaie de faire diversion et de fuir : montrez-le en choisissant deux répliques du personnage. Cette stratégie réussit-elle ?

ÉTUDIER LE GENRE : LA FARCE

16. Les farces sont souvent construites sur le principe de « l'arroseur arrosé » ou « du trompeur trompé ». Peut-on dire que ces scènes illustrent le même mécanisme ?

17. Relevez les différentes agressions que doit subir des Rillettes : pourquoi font-elles sourire ?

18. Montrez l'importance des didascalies★ dans la scène III. Quelle est en général la fonction des indications scéniques dans une œuvre théâtrale ?

19. Les répliques sont-elles en général plutôt courtes ou plutôt longues ? Pourquoi, selon vous ? Donnez quelques exemples.

ÉTUDIER L'ÉCRITURE

20. Qu'est ce qu'une énumération ? Donnez deux exemples empruntés à une réplique de monsieur Boulingrin. Quel effet ont ces énumérations ?

21. Pour quelle raison y a-t-il trois scènes dans ce passage et non une seule ?

22. Donnez trois exemples de reprises de mots dans les échanges. Quelle fonction ont ces reprises ?

23. Donnez un exemple dans lequel les sonorités (les allitérations★, en particulier) expliquent l'enchaînement des répliques.

24. Donnez deux exemples de langage soutenu utilisé par des Rillettes. Ce langage est-il en accord avec la tonalité des échanges chez les Boulingrin ?

---

didascalie : indication scénique donnée par l'auteur, accompagnant le texte d'une œuvre théâtrale.

allitération : répétition d'une consonne ou d'un groupe de consonnes dans une phrase ou un vers.

Au fil du texte — Les Boulingrin

LIRE L'IMAGE

25. Quels sont les personnages présents sur l'affiche de la page 31 ? Quelles indications donnent-ils sur les pièces représentées au théâtre du Grand-Guignol ?
Chercher sur Internet d'autres affiches produites pour les spectacles de ce théâtre.

RECHERCHES

26. Qu'est-ce qu'une farce ? À quelle époque ce genre apparaît-il dans le théâtre français ? La scène de ménage est-elle souvent représentée dans les farces traditionnelles ?

À VOS PLUMES !

27. Imaginez une suite différente... Des Rillettes parvient à s'échapper après la scène IV. Il quitte l'appartement et rencontre Félicie sur son chemin. Imaginez le dialogue entre les deux personnages.

Scène VI

DES RILLETTES, MADAME BOULINGRIN

MADAME BOULINGRIN. — Bonjour ! Quel débarras !

DES RILLETTES *(à part)*. — Quel monde !

MADAME BOULINGRIN. — À la fin, allez-vous boire, vous ?

DES RILLETTES. — Sérieusement, j'aime autant pas.

MADAME BOULINGRIN *(étonnée)*. — Ce n'est pas sale ; c'est mon verre.

DES RILLETTES. — Je ne vous dis pas le contraire, mais je suis forcé de me retirer.

MADAME BOULINGRIN. — Comme ça ? Tout de suite ?

DES RILLETTES. — À l'instant même. Qu'est-ce que j'ai fait de mon chapeau ? *(Il se coiffe, puis saluant jusqu'à terre.)* Madame...

MADAME BOULINGRIN. — Écoutez, monsieur des Rillettes, voulez-vous me rendre un service ?

DES RILLETTES. — Très volontiers.

MADAME BOULINGRIN. — Bien. Enlevez-moi.

DES RILLETTES. — Vous dites ?

MADAME BOULINGRIN. — Je dis : « Enlevez-moi. »

DES RILLETTES *(suffoqué)*. — Ça, par exemple, c'est le bouquet ! Vous voulez que je vous enlève ?

MADAME BOULINGRIN. — Je vous en prie.

DES RILLETTES. — Eh ! Je ne peux pas !

MADAME BOULINGRIN. — Pourquoi donc ?

DES RILLETTES. — J'ai un vieux collage[1], ça me ferait avoir des histoires.

MADAME BOULINGRIN. — Vous refusez ?

DES RILLETTES. — À mon grand regret ; mais enfin, soyez raisonnable...

MADAME BOULINGRIN. — Vous refusez ?

DES RILLETTES. — Puisque je vous dis...

MADAME BOULINGRIN. — Eh bien ! je vous préviens d'une chose : c'est que vous allez être la cause de grands malheurs.

DES RILLETTES. — Moi ?

MADAME BOULINGRIN. — Vous. Oh ! inutile de faire les grands bras[2]. Avant — vous entendez ? — avant qu'il soit l'âge d'un petit cochon, il y aura, à cette place, un cadavre ! ! ! Puisse le sang qui aura coulé par votre faute ne pas retomber sur votre tête !

DES RILLETTES *(les poings aux tempes).* — Mais c'est à devenir fou ! Mais qu'est-ce que je vous ai fait ? Mais ça devient odieux, à la fin !

MADAME BOULINGRIN. — Ah ! c'est qu'il ne faut pas, non plus, tirer trop fort sur la ficelle, ou alors tout casse, tant pis ! Voilà dix ans que j'y mets de la bonne volonté ; ça ne peut pas durer toute la vie. Vous comprenez que j'en ai assez.

DES RILLETTES. — Sans doute ; mais... ça m'est égal.

MADAME BOULINGRIN *(non sans quelque ironie).* — C'est tout naturel, parbleu[3] ! Qu'est-ce que ça peut vous faire à vous ?

---

notes

1. j'ai un vieux collage : j'ai une liaison (des Rillettes annonce ainsi qu'il vit avec une femme...).

2. faire les grands bras : prendre des grands airs, des airs importants.

3. parbleu : juron (euphémisation de « par Dieu »).

Ce n'est pas vous qui tenez la queue de la poêle[1] et qui payez les pots cassés. Alors vous tranchez la question avec le désintéressement d'un bon gros diable de pourceau[2] confit dans son égoïsme. Trop commode ! Il est probable que vous changeriez de langage si vous étiez pieds et poings liés, livré à la fureur d'une brute sanguinaire qui vous traiterait en esclave et vous battrait comme un tapis. Car il me bat. Vous ne le croyez pas ?

Des Rillettes *(battant prudemment en retraite).* – Si ! si ! si !

Madame Boulingrin *(marchant lentement sur lui).* – Non seulement, entendez-vous bien, il me meurtrit de bourrades[3] au point de m'en défoncer les côtes, mais il me pince, qui plus est !... à m'en faire hurler, le misérable !... et *(Pinçant des Rillettes qui proteste.)* pas comme ceci, ce ne serait rien... non ; entre l'os de l'index et la deuxième phalange du pouce ! Comme ça. *(Elle joint l'exemple à la démonstration, en sorte que des Rillettes, le bras comme dans un engrenage, se répand en clameurs douloureuses.)* Vous voyez ; ça forme l'étau[4].

Des Rillettes. – Ah ! Eh ! Oh ! Hi !

À ce moment, rentre Boulingrin, une assiette de soupe à la main.

Scène VII
Des Rillettes, les Boulingrin

Boulingrin *(à des Rillettes).* – Goûtez !

Des Rillettes *(sursautant).* – Qu'est-ce que c'est que ça, encore ?

---

notes

1. *tenir la queue de la poêle* : avoir des responsabilités.
2. *pourceau* : jouisseur ou cochon (le mot peut avoir les deux significations dans le contexte).
3. *bourrades* : poussées données avec le coude ou le poing.
4. *étau* : mâchoire de métal ou de bois constituée de deux pièces que l'on peut rapprocher au moyen d'une vis.

BOULINGRIN. — C'est de la mort-aux-rats. Goûtez ! Goûtez donc, tonnerre de Dieu ! Ça va vous ficher la colique.

DES RILLETTES. — Je m'en rapporte à vous[1].

MADAME BOULINGRIN *(à son mari)*. — Canaille !... Je n'en aurai pas le démenti ! Buvez !

DES RILLETTES *(menacé du verre de vin)*. — Non !

BOULINGRIN. — Goûtez ça !

DES RILLETTES *(menacé d'une cuillère de soupe)*. — Jamais.

MADAME BOULINGRIN. — Je vous promets que ça empeste !

BOULINGRIN. — Je vous jure que c'est du poison !
Ils se sont emparés de des Rillettes, et, de force, chacun d'eux, avide d'avoir raison, ils lui ingurgitent du potage mélangé avec du vin, cependant que l'infortuné, les dents obstinément serrées, oppose une héroïque défense.

MADAME BOULINGRIN. — Est-il bête !

BOULINGRIN. — C'est curieux, cette obstination ! Puisque je vous dis que vous êtes fichu d'en claquer !

MADAME BOULINGRIN *(à son mari)*. — Dis donc, quand tu auras fini de gaver M. des Rillettes !... Est-ce que tu le prends pour une volaille ?

BOULINGRIN. — Et toi, le prends-tu pour une éponge ?

MADAME BOULINGRIN. — Saleté !

BOULINGRIN. — Gueuse !

MADAME BOULINGRIN. — Peste !

BOULINGRIN. — Choléra !... Et puis, tiens !

---

note

1. je m'en rapporte à vous : je vous fais confiance.

De sa main lancée avec violence, il envoie à madame Boulingrin le contenu de son assiette.

Des Rillettes *(qui a tout reçu).* – Oh !

Boulingrin *(s'excusant).* – Pardon ! simple inadvertance[1].

Madame Boulingrin *(folle de rage).* – Goujat[2] ! Ignoble personnage ! Tiens !

Des Rillettes *(ruisselant d'eau rougie).* – Ah !

Madame Boulingrin. – Excusez. C'est bien sans l'avoir fait exprès. Là-dessus, nous allons en finir. C'est toi qui l'auras voulu.
Elle tire de sa poche un revolver.

Boulingrin *(terrifié).* – À moi ! Au secours !
Il se réfugie derrière des Rillettes.

Madame Boulingrin. – Tu vas mourir !

Des Rillettes *(à Boulingrin qui s'est fait de lui un paravent).* – Ah non, eh !... Lâchez-moi ! Pas de blagues !

Boulingrin *(au comble de l'effroi).* – Ne bougez pas, bon sang de bonsoir !

Madame Boulingrin *(ajustant).* – Ôtez-vous, monsieur des Rillettes !

Boulingrin. – Non ! Non !

Madame Boulingrin. Ôtez-vous de là ! Je tire.

Boulingrin. – Restez ! Je suis un homme perdu. Je la connais, elle est capable de tout ! Protégez-moi, monsieur des Rillettes ! C'est à ma vie qu'elle en a !... Ah ! la misérable ! la gueuse ! Au secours ! Au secours !

---

notes

1. inadvertance : erreur.   **2. goujat :** grossier personnage.

MADAME BOULINGRIN. – Ah ! c'est comme ça ? Vous ne voulez pas vous retirer ? Eh bien ! tant pis pour vous si vous y laissez votre peau ! Il faut que ça finisse ! Il faut que ça finisse ! La mesure est comble[1] ! Gare[2] l'obus !

DES RILLETTES. – Monsieur Boulingrin, par pitié !... Madame Boulingrin, je vous en prie !... je ne veux pas mourir encore !... Quelle sale inspiration j'ai eue de venir passer la soirée !...

Tumulte. Les trois personnages hurlent à l'unisson[3].

BOULINGRIN *(brusquement)*. – Oh ! Quelle idée !... *(Il souffle la lampe.)* Vise-moi donc, maintenant !...

Nuit complète sur la scène, de même que dans la salle, et, du sein de ces ténèbres profondes, surgissent, en hurlements, les phrases suivantes :

LA VOIX DE BOULINGRIN. – Ah ! tu voulais m'assassiner ?... Pif !

LA VOIX DE DES RILLETTES. – Oh !

LA VOIX DE MADAME BOULINGRIN. – À mon tour... Paf !

LA VOIX DE DES RILLETTES. – Ah !

Tumulte nocturne. On entend : « Canaille ! Crapule ! Poison ! Escroc ! » et le bruit de quatre nouvelles gifles, que l'infortuné des Rillettes reçoit, non sans protestations, les unes après les autres.

LA VOIX DE MADAME BOULINGRIN. – Et puis, feu !

Coup de pistolet.

LA VOIX DE DES RILLETTES *(éploré)*. – Une balle dans le gras !!!

LA VOIX DE BOULINGRIN. – Ah ! tu tires ? Eh bien ! je casse la glace.

---

notes

1. la mesure est comble : la coupe est pleine, il est impossible d'en supporter davantage.

2. gare : attention à.

3. à l'unisson : ensemble.

LA VOIX DE MADAME BOULINGRIN. – Ah ! tu casses la glace ? Eh bien ! je casse la pendule.

LA VOIX DE BOULINGRIN. – Ah ! tu casses la pendule ! Eh bien ! je casse tout.
Des meubles culbutés s'écroulent.

LA VOIX DE MADAME BOULINGRIN. – Ah ! tu casses tout ? Eh bien ! je mets le feu.

Galopades, hurlements.

LA VOIX DE DES RILLETTES. – Faites donc attention, nom de Dieu ! Vous me marchez sur la figure !

LA VOIX DE BOULINGRIN. – Chamelle !

LA VOIX DE MADAME BOULINGRIN. – Enfant de coquine[1] !

LA VOIX DE BOULINGRIN. – Fille de voleur !

LA VOIX DE MADAME BOULINGRIN. – Gredin !
Des Rillettes soupire douloureusement et geint[2]. Soudain, par les portes ouvertes, du fond et des côtés, c'est la lueur rouge de l'incendie. La scène s'éclaire d'une teinte de sang.

DES RILLETTES *(affolé)*. – L'incendie !!! Au feu ! Au feu !
Il se précipite vers le fond ; mais, juste comme il va sortir, survient Félicie, un seau d'eau à la main, accourue pour porter secours.

FÉLICIE. – Le feu ?... Voilà.
Elle lance le contenu de son seau à toute volée.

DES RILLETTES *(inondé des pieds à la tête)*. – Charmante soirée !
La scène s'achève dans le vacarme assourdissant d'une maison livrée à des fous, cependant qu'au dehors la pompe[3], qui se rapproche

---

note

1. *coquine :* prostituée.
2. *geint :* se plaint.
3. *pompe :* désigne ici la pompe à incendie transportée grâce à des chevaux (d''où le mot « attelage »).

580 *au grand galop de son attelage, meugle lugubrement deux notes, toujours les mêmes.*
Puis :

BOULINGRIN *(brusquement apparu sur le seuil de la pièce et qui se détache en noir sur la clarté d'un feu de Bengale[1]).* – Ne vous
585 en allez pas, monsieur des Rillettes. Vous allez boire un verre de champagne.

Laure Compain (Mme Boulingrin), Claire Château (Félicie), à droite Étienne Dalibert (Boulingrin) et, assis, Alain Tricau (des Rillettes), dans une mise en scène des *Boulingrin* par la compagnie des Hauts-de-Scène, Boulogne, 2006.

note

1. *feu de Bengale* : mélange pyrotechnique brûlant avec une flamme vive et colorée.

Au fil du texte

**Questions sur les scènes VI et VII des *Boulingrin*
(pp. 61 à 68)**

QUE S'EST-IL PASSÉ ?

1. Complétez les phrases suivantes.

a) Madame Boulingrin souhaite que des Rillettes goûte ....

b) Pour madame Boulingrin, des Rillettes est un *« bon gros diable de pourceau confit dans son* .... *»*.

c) Monsieur Boulingrin pense que sa soupe contient de la ....

d) À la fin de la pièce, monsieur Boulingrin propose à des Rillettes un ....

AVEZ-VOUS BIEN LU ?

2. Quel service madame Boulingrin demande-t-elle à des Rillettes ?

3. Quelle est alors sa réaction ?

4. Que tient monsieur Boulingrin quand il revient sur scène ?

5. Quel objet madame Boulingrin tire-t-elle de sa poche ? Quelle est son intention ?

6. Que fait monsieur Boulingrin pour se protéger ?

Au fil du texte

ÉTUDIER LE VOCABULAIRE

7. Donnez un synonyme* contemporain du mot « collage » employé dans l'expression « *J'ai un vieux collage* » (l. 429).

8. Relevez quatre mots appartenant au champ lexical* du crime.

9. Cherchez l'étymologie* du mot « *canaille* » (l. 481).

10. Quel est le sens du préfixe* dans le mot « *paravent* » (l. 517) ? Donnez quatre autres exemples où il aura le même sens.

> **synonyme :** mot qui a le même sens qu'un autre.
>
> **champ lexical :** ensemble de mots de toutes natures se rapportant à un même thème.
>
> **étymologie :** origine d'un mot.
>
> **préfixe :** partie du mot qui précède le radical et qui en modifie le sens.
>
> **pastiche :** imitation dans le domaine littéraire.

ÉTUDIER L'ORTHOGRAPHE

11. Dans le passage suivant, remplacez le pronom personnel « vous » par le pronom « tu », puis faites les transformations nécessaires. « *Qu'est-ce que ça peut vous faire à vous ? Ce n'est pas vous qui tenez la queue de la poêle et qui payez les pots cassés. Alors vous tranchez la question avec le désintéressement d'un bon gros diable de pourceau confit dans son égoïsme. Trop commode ! Il est probable que vous changeriez de langage si vous étiez pieds et poings liés, livré à la fureur d'une brute sanguinaire qui vous traiterait en esclave et vous battrait comme un tapis* » (l. 453 à 460).

ÉTUDIER LE DISCOURS

12. Quelle est la fonction de la dernière réplique ?

13. Qu'est-ce qu'un mélodrame ? Madame Boulingrin pastiche* parfois le langage du mélodrame : montrez-le avec un exemple précis.

ÉTUDIER LE GENRE : LA FARCE

14. Pourquoi peut-on dire que la scène VI fait écho à la scène IV ? Comparez la situation de des Rillettes dans les deux scènes et montrez le parallélisme.

15. Quelles sont les différentes agressions dont est victime des Rillettes dans ces deux scènes ?

16. La violence s'atténue-t-elle dans ces dernières scènes ou monte-t-elle en intensité ? Justifiez votre réponse en étudiant les jeux de scène.

17. Pour quelle raison, selon vous, Courteline précise-t-il dans une indication scénique : « *Nuit complète sur la scène, de même que dans la salle* » (l. 540).

18. Pensez-vous que la pièce puisse illustrer cette remarque (voir *Théâtre pour rire 6ᵉ-5ᵉ*, collection « Bibliocollège ») : « *Le comique de farce est grossier : il fait usage de jurons, de scatologie (propos portant sur les excréments), de manifestations corporelles bruyantes, et il est fondé sur une gestuelle et des mouvements (coups de bâtons, bousculades…).* »

ÉTUDIER L'ÉCRITURE

19. Le lexique montre-t-il une amplification de la violence dans les deux dernières scènes ?

20. Relevez deux passages dans lesquels les registres de langue sont mélangés de façon incongrue. Quel effet produit cette rencontre ?

Au fil du texte — Les Boulingrin

RECHERCHES

21. Recherchez des informations sur le théâtre du Grand-Guignol où fut donnée la première représentation des *Boulingrin*. À quelle date fut-il fondé ? Quels types de spectacles y furent joués ? Quel est le site Internet le plus complet que vous ayez trouvé sur ce théâtre ?

22. Quels éléments, dans cette pièce, évoquent le « Grand-Guignol » ?

À VOS PLUMES !

23. Rentré chez lui, des Rillettes écrit une lettre dans laquelle il raconte sa soirée chez les Boulingrin.

24. Un an plus tard, des Rillettes rencontre les Boulingrin dans une soirée et ceux-ci l'invitent chez eux. Imaginez le dialogue entre les personnages.

25. Imaginez que des Rillettes accepte d'enlever madame Boulingrin… Écrivez trois scènes qui proposeront une fin nouvelle pour la pièce.

La Paix chez soi

PERSONNAGES
TRIELLE, 36 ANS
VALENTINE, SA FEMME, 25 ANS

Le cabinet[1] d'un homme de lettres. Une porte au fond, une autre à droite. À gauche, en pan coupé[2], une fenêtre praticable[3]. Tableaux, estampes[4], etc. Face au souffleur[5], une table chargée de papiers. Au premier plan, adossé au mur de gauche, un de ces pupitres hauts sur pieds en usage chez les écrivains qui ont coutume de travailler debout.

notes

1. **cabinet :** bureau.
2. **pan coupé :** pan de mur situé dans l'angle formé par deux autres surfaces et coupé par celles-ci.
3. **praticable :** par laquelle on peut passer.
4. **estampes :** images imprimées au moyen d'une planche gravée de bois ou de cuivre ou par lithographie.
5. **souffleur :** dans un théâtre, personne qui est chargée de prévenir les défaillances de mémoire des acteurs en leur soufflant leur rôle.

Scène I

TRIELLE *(seul, debout devant son pupitre et comptant du bout de sa plume le nombre des lignes qu'il vient de pondre).* — 274, 276, 278, 280 et 285. Encore trente lignes sensationnelles, dont une vingtaine d'alinéas[1], une décoction de points suspensifs[2] et une coupure à effet[3] pour finir, si, avec cela, le lecteur ne se déclare pas satisfait, il pourra s'aller coucher. Quel métier ! *(Il trempe sa plume dans l'encre, se dispose à écrire, soupire, s'étire, bâille longuement.)* Ça t'ennuie, hein ?... Allons, vieux, du courage. Prends ton huile de foie de morue[4] !

Il se décide et se met à la besogne, se dictant à lui-même à haute voix :
« Cependant, bien que l'antique horloge de Saint-Séverin eût depuis longtemps, dans le silence de la nuit, sonné les trois coups de trois heures... »

S'interrompant.
Les trois coups de trois heures !... Quel métier !

Il ricane, hausse les épaules, puis poursuit :
« ... le vieillard continuait sa lente allée et venue. Un manteau de couleur foncée l'enveloppait des pieds à la tête, et des larmes échappées de ses yeux roulaient sur sa barbe de neige. »

S'interrompant :
C'est vertigineux d'ânerie...

Il poursuit :
« Ô honte ! murmurait-il, ô cruel attentat dont mon honneur, après vingt ans, garde encore la brûlure ardente ! »

---

notes

1. alinéas : paragraphes.
2. décoction de points suspensifs : quantité importante de points de suspension.

3. coupure à effet : procédé du roman-feuilleton qui consiste à terminer un épisode sur un événement nouveau qui va maintenir en suspens le lecteur.

4. huile de foie de morue : huile considérée comme riche en vitamines.

S'interrompant :
　... et troublant d'imbécillité.
Il poursuit :
　« Quoi, je porterai éternellement le fardeau de mon humiliation ! Quoi, jusqu'aux portes du tombeau, je sentirai le sang de ma blessure couler lentement, goutte à goutte ! »
S'interrompant :
　Ce petit ouvrage est tellement bête que rien ne l'égale en bêtise, sauf le lecteur qui s'en délecte.
Il poursuit :
　« La neige s'était mise à tomber... »
Coups violents frappés dans la porte de droite.
　Bon ! ma femme, à présent.
Il dépose sa plume. Nouvelle grêle de coups dans la porte.
　Eh ! une minute, que diable !
Il va à la porte qu'il ouvre.

Scène II
Trielle, Valentine

Valentine. – Eh bien ! en voilà du mystère ! Tu fais donc de la fausse monnaie ?

Trielle. – Du tout. J'avais poussé le verrou, étant pressé par[1] ma copie et craignant qu'on me dérange. Entre.

Valentine *(entrant)*. – Ferme vite la porte, que l'inspiration ne se sauve pas.

Trielle. – Tu as toujours quelque chose d'aimable à me servir.

Valentine. – Eh ! on n'a pas idée, aussi, de se donner de l'importance au point de se mettre sous clé comme une bijouterie de luxe. Tu te prends au sérieux, ma parole.

note

1. *pressé par :* obligé de terminer rapidement.

TRIELLE. — Tu es bête.

VALENTINE. — En tout cas, je n'ai pas le ridicule de me confondre avec Lord Byron[1]. Toc !
Clignement d'œil.

TRIELLE. — Ne sois donc pas méchante par système, Valentine. Où es-tu allée pêcher que je me confonde avec Lord Byron ? Je t'explique que mon travail... *(Au mot de travail, Valentine part d'un bruyant éclat de rire.)* Tu es mal venue à me le jeter au nez. Si tu crois que je le fais pour mon plaisir, tu te trompes.

VALENTINE. — Et si tu crois le faire pour le plaisir des autres, tu te trompes encore bien davantage.

TRIELLE. — Quel singulier agrément[2] peux-tu prendre à ne me dire que des choses blessantes ou ayant l'intention de l'être ?... Bah ! nous verrons bien, de nous deux, celui qui rira le dernier. *(Valentine, étonnée, le regarde.)* Patience, mon petit loup, patience !

VALENTINE. — Quoi ?

TRIELLE. — Patience ! te dis-je ; l'heure est proche.

VALENTINE. — Sais-tu ce que tu me rappelles ?

TRIELLE. — Un daim[3].

VALENTINE. — C'est prodigieux ! Tu as le don de la divination.

TRIELLE. — N'est-ce pas ? Voilà comment nous sommes dans le feuilleton à trois sous[4] la ligne. Mais peut-être ferions-nous bien de ne pas pousser plus avant dans le domaine du marivaudage[5], et d'aborder les choses sérieuses. Tu as à me parler ?

notes

1. Lord Byron (1788-1824) : poète britannique romantique réputé.
2. agrément : plaisir.
3. daim : homme élégant, vaniteux et crédule.
4. sou : unité monétaire minimale valant un vingtième de l'ancien franc soit cinq centimes (3 sous équivalent à 15 centimes).
5. marivaudage : ici, conversation galante.

Sujet de Brevet (Europe de l'Est 2002)

La Paix chez soi de Georges Courteline (pp. 73 à 76)

QUESTIONS (15 points)

• Quel métier ! (4,5 points)

1. Comment les indications scéniques permettent-elles de découvrir précisément le métier de Trielle (citez au moins deux exemples) et quel est ce métier ? (1 point)

2. Ligne 14 : « *Ça t'ennuie, hein ?...* »

a) Quelle est la classe grammaticale du mot souligné (« *t'* ») ? (0,5 point)

b) Quel personnage désigne-t-il ? (0,5 point)

c) À qui s'adresse donc Trielle dans cette phrase (comme d'ailleurs dans toute la scène I) ? (0,5 point)

d) Comment nomme-t-on ce procédé théâtral ? (0,5 point)

3. *a)* Relevez les commentaires de Trielle à propos de son travail. (0,5 point)

b) Quel jugement porte-t-il sur lui-même ? (1 point)

• Quelle œuvre ! (4 points)

4. En vous appuyant sur la première réplique de Trielle (au début de la scène I) et sur la dernière (à la fin de la scène II) que vous relèverez, expliquez pourquoi il accorde tant d'importance au nombre de lignes rédigées. (1 point).

Sujet de Brevet (Europe de l'Est 2002)

5. À quel genre d'ouvrage appartiennent les extraits entre guillemets ? (0,5 point)

6. Qui en est l'auteur ? (0,5 point)

7. *a)* Commentez le style de l'expression : « *les trois coups de trois heures* » (l. 20). (0,5 point)

b) Et pourtant, quel registre de langue l'auteur s'efforce-t-il d'employer dans tous ces passages ? Relevez au moins deux indices. (1 point)

c) Qu'en concluez-vous sur le talent de Trielle ? (0,5 point)

• Valentine et Trielle (6,5 points)

8. *a)* Dans la scène I, comment est annoncée l'entrée en scène de Valentine ? (0,5 point)

b) Comment Trielle réagit-il à cette arrivée ? (0,5 point)

c) Quelle ponctuation souligne cette réaction ? (0,5 point)

9. « *Ferme vite la porte, que l'inspiration ne se sauve pas* » (l. 54-55).

a) Quel type de phrase avez-vous reconnu ? (0,5 point)

b) À quels modes sont conjugués les deux verbes ? (1 point)

c) En quoi cette phrase appartient-elle au registre comique ? (0,5 point)

10. Relevez une comparaison qui ridiculise Trielle. Expliquez-la. (1 point)

11. TRIELLE. — « *Si tu crois que je le fais pour mon plaisir, tu te trompes.* »
VALENTINE. — « *Et si tu crois le faire pour le plaisir des autres, tu te trompes encore bien davantage* » (l. 68 à 70).

Expliquez la réplique de Valentine. Quelle est l'intention du personnage, d'après la phrase qui précède ? (1 point)

12. « *Bah ! nous verrons bien, de nous deux, celui qui rira le dernier. Patience, mon petit loup, patience !* » (l. 73 à 75) : sur quel ton vous semble devoir être prononcée cette réplique ? Justifiez votre réponse. (1 point)

RÉÉCRITURE (4 points)

TRIELLE. — « *Quel singulier agrément peux-tu prendre à ne me dire que des choses blessantes ou ayant l'intention de l'être ? ... Bah ! nous verrons bien, de nous deux, celui qui rira le dernier* » (l. 71 à 74).

Réécrivez ces deux phrases de manière indirecte en commençant par : « Trielle lui demanda... »
Vous ferez les transformations nécessaires.

Sujet de Brevet (Europe de l'Est 2002)

TEXTE DE LA DICTÉE (6 points)

Il faut avouer que j'étais un auteur très ignoré. J'avais recommencé d'écrire. Mes nouveaux romans, faute de mieux, ressemblaient aux anciens trait pour trait, mais personne n'en prenait connaissance. Pas même moi, qui détestais me relire : ma plume allait si vite que, souvent, j'avais mal au poignet ; je jetais sur le parquet les cahiers remplis, je finissais par les oublier, ils disparaissaient ; par cette raison, je n'achevais rien : à quoi bon raconter la fin d'une histoire quand le commencement s'en est perdu ? D'ailleurs, si Karl* avait daigné jeter un coup d'œil sur ces pages, il n'aurait pas été lecteur à mes yeux mais juge suprême et j'aurais redouté qu'il ne me condamnât. L'écriture, mon travail noir, ne renvoyait à rien et, du coup, se prenait elle-même pour fin : j'écrivais pour écrire.

Jean-Paul Sartre, *Les Mots*, Gallimard, 1964.

* Écrire au tableau.

RÉDACTION (15 points)

Imaginez la suite immédiate de ce texte. Vous expliquerez les raisons de la venue de Valentine. Vous aurez soin de conserver le registre comique.

VALENTINE. – C'est probable. À moins que je ne sois venue exprès pour jouir de ta compagnie et recueillir comme une manne[1] bienfaisante les paroles tombées de tes lèvres.

TRIELLE. – Je n'oserais l'espérer. Et alors, tu désires ?

VALENTINE. – De l'argent.

TRIELLE. – Tu n'en as donc plus ?

VALENTINE. – Belle question ! Non, je n'en ai plus. Nous sommes le 1er octobre.

TRIELLE. – C'est ma foi vrai.

VALENTINE. – Je n'en ai plus !... Je n'en ai plus !... Je serais bien aise, si j'en avais encore, de savoir où je l'aurais pris. Supposes-tu que je me lève la nuit pour te voler ?

TRIELLE. – Qui te parle de voler, bon Dieu, et quelle nouvelle querelle viens-tu me chercher là ? Je ne suppose rien du tout. Je te donne, le premier de chaque mois, l'argent nécessaire au ménage ; pendant que le mois court, l'argent file, et la bourse est à sec quand le mois est à bout, c'est aussi simple que cela.

VALENTINE. – Puisqu'il en est ainsi, paye-moi ce qui me revient et conserve tes belles phrases pour les mettre dans tes romans. Ils en ont plus besoin que moi. Toc !
Clignement d'œil.

TRIELLE. – Patience !

VALENTINE. – Tu dis ?

TRIELLE. – L'heure est proche !... plus proche, même, que je ne le pensais.

---

note

1. manne : nourriture providentielle, inespérée.

VALENTINE. — Sais-tu ce que tu me fais ?

TRIELLE. — Je te fais suer.

VALENTINE. — C'est décidément très curieux ! Tu devrais t'établir liseur d'âmes.

115 TRIELLE. — J'y songerai sur mes vieux jours. En attendant, nous allons régler nos petits comptes. *(Il va à sa table et en fait jouer le tiroir d'où il extrait des billets de banque.)* Nous disons ?

VALENTINE. — Huit cents ; tu le sais bien.

TRIELLE. — Huit cents. *(Feuilletant les billets.)* Un, deux, trois...

120 VALENTINE. — Il y a le terme[1].

TRIELLE. — Je le paierai à part... Quatre, cinq, six... Je vais te donner le reste en monnaie.

VALENTINE. — Si tu veux.

TRIELLE. — Ça te sera plus commode. *(Tirant de son gousset[2]*
125 *un peu d'or et d'argent qu'il aligne au bord de la table.)* Et cinquante, six cent cinquante. Voilà l'affaire.

VALENTINE *(surprise)*. — Qu'est-ce que c'est que ça ?

TRIELLE. — Ton argent.

VALENTINE. — Quel argent ?

130 TRIELLE. — L'argent pour le mois.

VALENTINE. — Il n'y a pas le compte.

TRIELLE. — Comment, pas le compte ?

VALENTINE. — Non.

TRIELLE. — Si.

notes

1. terme : somme due à une date précise. **2. gousset :** petite bourse.

Annie Girardot (Valentine) et Julien Bertheau (Trielle) dans *La Paix chez soi* au théâtre du Luxembourg, 1954.

VALENTINE. – Non. Est-ce que tu deviens imbécile ? De huit cents francs ôtez six cent cinquante ?

TRIELLE. – Reste cent cinquante francs.

VALENTINE. – Eh bien ?

TRIELLE. – Eh bien quoi ?

VALENTINE. – Donne-les-moi.

TRIELLE. – Ah ! non.

VALENTINE. – Pourquoi donc ?

TRIELLE. – Parce que tu me les dois.

VALENTINE. – Moi ?

145 TRIELLE. – Oui, toi.

VALENTINE. – Qu'est-ce que tu me chantes ? Tu ne m'as pas prêté d'argent. D'ailleurs, je n'ai pas l'habitude de te carotter[1] des avances. Je suis bonne ménagère, peut-être ; j'ai de l'économie et de l'ordre, et tu as eu le temps de t'en 150 apercevoir depuis cinq ans que nous sommes mariés.

TRIELLE. – Tu t'écartes de la question. Il ne s'agit pas de tes rares vertus, mais bien de tes imperfections, lesquelles, hélas ! sont sans nombre. Tu te moques de moi. Et tes cent cinquante francs d'amende ?

155 VALENTINE. – Décidément je parle à un fou. Quels cent cinquante francs d'amende ?

TRIELLE. – Les cent cinquante francs d'amende que j'ai eu le regret de t'infliger en punition de tes écarts de langage, impertinences diverses, rébellions en tout genre et cætera 160 et cætera. *(Mutisme[2] ahuri de Valentine.)* Tu ne comprends pas ?

VALENTINE. – Pas une syllabe.

TRIELLE. – Je vais te lire le détail ; ça t'ouvrira les idées.
Il tire de sa poche un petit calepin qu'il ouvre, et il en commence la lecture.

165 Septembre. Du 1er : Pour avoir tranché une question sans en connaître le premier mot, puis, convaincue de son erreur, s'y être cramponnée de parti pris avec une insigne[3] mauvaise

---

notes

1. carotter : extorquer, prendre.

2. mutisme : silence.

3. insigne : évidente.

foi, afin d'avoir raison quand même et d'exaspérer le sieur Trielle, homme modéré, patient et doux. 3,95 F.

VALENTINE. – Hein ? Qui ? Quoi ? Qu'est-ce ?

TRIELLE. – Du 2 : Pour avoir, le sieur Trielle ayant exprimé le désir de dîner un quart d'heure plus tôt, fait servir un quart d'heure plus tard, et répondu audit Trielle qui se plaignait sans acrimonie[1] : « Si tu n'es pas content, va-t'en dîner ailleurs. » 6,70 F.

VALENTINE. – Ah çà...

TRIELLE. – Du 3 : Pour avoir traité le sieur Trielle de crasseux et de sale grigou[2] parce qu'il se refusait à acheter, comme inutile et coûteuse, une lanterne à verres de couleur en imitation de fer forgé. 2,50 F.

Du 4 : Pour avoir dit au sieur Trielle qui regrettait l'absence d'abatis[3] dans le bouillon : « Tu répètes toujours la même chose », ce qui n'était que trop vrai ! 1,45 F.

Du 5 : Pour lui avoir dit : « Te rappelles-tu la fois où je t'ai pardonné d'être rentré à sept heures du matin ? » 71 F.

VALENTINE *(suffoquée)*. – Combien ?

TRIELLE. – 71 francs.

VALENTINE. – C'est pour rien[4].

TRIELLE. – Quand on a pardonné aux gens, on ne doit pas être tout le temps à le leur corner aux oreilles[5]. Et, du reste, pardonné quoi ? Je t'ai expliqué cent fois que j'avais manqué le dernier train.

VALENTINE. – Et mon œil ? Je ne te crois pas.

---

notes

1. *acrimonie :* mauvaise humeur, agressivité.
2. *sale grigou :* avare.
3. *abatis :* abats de volaille (tête, cou, ailerons, pattes, foie, gésier).
4. *c'est pour rien :* c'est donné.
5. *corner aux oreilles :* ressasser, répéter.

TRIELLE. – Crois ce qu'il te plaira de croire ; mais si tu dois me poursuivre de ta miséricorde, me larder[1] de ta grandeur d'âme et me persécuter, jusqu'à ce que mort s'ensuive, du souvenir de tes bienfaits, tu peux les garder pour toi : je leur préfère tes rancunes. Tant qu'à faire que d'être ta victime j'aime autant ne pas t'en avoir d'obligation. Toc ! *(Clignement d'œil.)* Je continue :

Du 6 : Pour avoir été surprise en train de démantibuler[2] la lanterne de l'antichambre[3], ceci dans le but de forcer le sieur Trielle à en acheter une autre, à verres de couleur, en imitation de fer forgé. 4,90 F.

Du 7 : ...

VALENTINE. – Ça va durer longtemps ?

TRIELLE. – Quoi ? Le système des amendes ? Tant que tu ne seras pas revenue à un plus juste sentiment des égards auxquels j'ai droit et que j'exige désormais.

VALENTINE. – Des égards !

TRIELLE. – Oui.

VALENTINE. – C'est à mourir de rire.

TRIELLE. – Bien entendu. Voilà cinq ans que je m'ingénie à[4] excuser ton injustice et que je me crée des devoirs tout exprès pour avoir le souci de les remplir. Aujourd'hui, je pousse la prétention jusqu'à supposer que, peut-être, un jour, une fois, par hasard, tu as pu t'en apercevoir et en avoir été touchée : c'est donc moi qui suis dans mon tort. Eh bien ! ma fille, j'y suis, j'y reste. J'en ai par-dessus les épaules et tu commences à m'embêter.

---

notes

1. larder : piquer, cribler de coups.
2. démantibuler : démolir, mettre en pièces.
3. antichambre : pièce d'entrée qui donne accès aux autres pièces.
4. je m'ingénie à : je cherche à.

VALENTINE. – Nous ne sommes pas dans une écurie. Je n'ai pas l'habitude qu'on me parle sur ce ton-là.

TRIELLE. – Tu n'auras que la peine de la prendre.

VALENTINE. – C'est ce que nous verrons.

TRIELLE. – C'est tout vu.

VALENTINE. – Mon cher...

TRIELLE. – Tu veux entrer dans des explications ? Entrons ; ça nous promènera. Voilà, je te le répète, cinq années que ma bonne volonté crédite[1] ta mauvaise grâce, et qu'obstiné à dépister[2] ton cœur – ton cœur qui est là, car il y est ! – je pardonne chaque jour à la veille, dans l'espérance, toujours déçue, du lendemain. Les premiers temps de notre mariage, je tentai de la persuasion, et t'exaltant[3] comme il convenait les avantages de la concorde[4], la joie des unions introublées, je te tins des discours dictés par la douceur et par la mansuétude[5] mêmes... Peines perdues. Une fois que j'avais en vain, une heure, procédé par le raisonnement, la patience m'échappa[6]. Je me levai, je te pris par le fond de tes jupes, puis t'ayant étroitement logée sous mon bras gauche, de ma dextre[7] agitée du geste familier aux lavandières à l'ouvrage[8], je t'administrai...

VALENTINE. – Voilà une belle action d'éclat ! Je te conseille de triompher ! Brute ! Lâche ! Goujat[9] !

TRIELLE. – J'userai de ta permission et triompherai selon mon droit. Car cet acte d'autorité, que je n'accomplis pas en pure

---

notes

1. **crédite :** supporte.
2. **dépister :** analyser, découvrir.
3. **t'exaltant :** te vantant.
4. **concorde :** entente ; harmonie.
5. **mansuétude :** bonté, indulgence.
6. **m'échappa :** me quitta.
7. **dextre :** main droite.
8. **le geste familier aux lavandières à l'ouvrage :** les lavandières frappaient le linge de la main droite avec un battoir.
9. **goujat :** homme grossier.

perte[1], t'inspira de saines réflexions. Oh ! il n'eût tenu qu'à moi d'en entretenir les fruits à l'aide de nouvelles fessées appliquées avec à-propos, mais une première épreuve dont je sortais bouleversé, malade de tristesse et de dégoût, m'enleva toute idée d'en tenter une seconde, en m'édifiant sur mon peu d'aptitude à jouer les père Fouettard[2]. Je ne suis, en effet, ni un lâche, ni un goujat, ni une brute, ainsi qu'il te plaît à dire. Je suis tout simplement, mon Dieu ! un pauvre diable d'homme de lettres.

VALENTINE. – ... sans aucune espèce de talent...

TRIELLE. – ... sans aucune espèce de talent, mais qui aimerait bien, cependant, trouver dans son petit intérieur une paix qui, peut-être, à la longue, lui permettrait d'en acquérir. C'est alors que j'imaginai, passé à un autre genre d'exercice, de me venger sur le mobilier.

VALENTINE *(ironique)*. – C'était malin.

TRIELLE. – Très malin même, puisque le jour où d'un coup de tabouret je fis voler en éclats le miroir de l'armoire à glace, tu restas muette d'ahurissement, de quoi j'éprouvai une joie telle qu'en moins de six semaines j'immolai[3] sans regret, à mon ardente soif de silence, deux chaises, le pot à eau, le casier à musique[4], la lampe, la pendule, la soupière, le buste de ton oncle Arsène (orgueil de notre humble salon), et divers autres objets de première nécessité. Le fâcheux est, ô Valentine, qu'il n'en soit pas du mobilier comme du phénix[5] qui renaît de ses cendres. La perspective d'avoir à en acheter

notes

1. en pure perte : inutilement.
2. jouer les père Fouettard : jouer les tyrans (le père Fouettard accompagne saint Nicolas et dispense des coups de fouet aux vilains garnements).
3. j'immolai : je massacrai, je sacrifiai.
4. casier à musique : meuble à petites cases allongées et juxtaposées, pleines ou à claire-voie, servant à déposer des partitions musicales.
5. phénix : oiseau fabuleux qui vivait plusieurs siècles et qui, brûlé, renaissait de ses cendres.

d'autres me gâta vite l'âpre jouissance que je goûtais à casser les meubles ; une fois encore je dus chercher autre chose. Seulement quoi ? M'en aller ? Peut-être. Mais où aller ? Car tout est là pour un homme dont les goûts bourgeois répugnent au concubinage comme à la triste vie d'hôtel. Je commençais à désespérer quand le ciel me suggéra l'idée de te faire désormais, purement et simplement, payer de ta poche tes fautes ; solution heureuse, j'ose le croire, définitive en tout cas, et à laquelle je m'arrête. De cette heure[1] donc, tu peux, en toute tranquillité, forte du serment que je te fais de ne plus me mettre en colère sous quelque prétexte que ce soit, donner libre cours aux élans de ton infernal caractère. Quoi que tu dises, quoi que tu fasses, tu n'auras de moi ni une chiquenaude[2], ni le moindre rappel à l'ordre : je mettrai cela sur la note, simplement. Tu paieras à la fin du mois. Hurle, braille, rugis, vocifère[3], fais du scandale tout ton soûl[4], trouble tant que tu voudras le repos des voisins ; tu n'as à t'occuper de rien : tu paieras à la fin du mois. Plus de querelles, j'en ai assez. Plus de pugilats[5], j'en suis las. Énergiquement déterminé à avoir la paix chez moi et ne l'ayant pu obtenir ni par les bons procédés, ni par les moyens extrêmes, je prends le parti de l'acheter avec tes propres deniers[6], chose qui ne fût point arrivée si tu me l'avais donnée pour rien. J'ai dit. Je ne te retiens plus. Bonjour. Tu peux t'en retourner à tes occupations. Je suis au désespoir de te quitter si vite, mais le devoir m'appelle, l'heure me presse, et mon journal n'attend pas.

VALENTINE. – Quand tu auras assez causé, tu le diras.

---

notes

1. *de cette heure :* à partir de cette heure.
2. *chiquenaude :* poussée, petit coup.
3. *vocifère :* donne de la voix.
4. *tout ton soûl :* autant que tu voudras.
5. *pugilats :* échanges de coups.
6. *tes propres deniers :* ton argent.

TRIELLE. — J'ai assez causé.

VALENTINE. — C'est heureux. Mes cent cinquante francs.

TRIELLE. — Pas un sou.

VALENTINE. — Tu ne veux pas me les donner ?

TRIELLE. — Non.

VALENTINE. — C'est une idée fixe ?

TRIELLE. — Oui.

VALENTINE. — La maison est lourde[1].

TRIELLE. — Je le sais.

VALENTINE. — Nous avons des charges.

TRIELLE. — Je ne dis pas.

VALENTINE. — Je te préviens qu'avec 650 francs, il me sera impossible d'y faire face.

TRIELLE. — Tu leur tourneras le dos.

VALENTINE. — À ton aise. Nous en serons quittes pour vivre de pain et d'eau claire.

TRIELLE. — Jamais de la vie. N'en crois rien. Tu t'arrangeras comme tu pourras, mais si je ne trouve pas à mes repas la nourriture saine et copieuse que réclame mon bon appétit, indice de ma conscience calme, j'irai manger au café, à tes frais, bien entendu. Il serait rigolo que je sois mis au pain sec chaque fois que tu auras été insupportable, ou que tu te seras fait pincer démantibulant une lanterne pour m'en faire acheter une autre en imitation de fer forgé.

VALENTINE. — C'est ton dernier mot ?

TRIELLE. — Le dernier.

note
1. lourde : grande.

VALENTINE. — Très bien. *(Étendant le bras vers la croisée.)* Tu vas me donner mon argent ou je vais me jeter par la fenêtre.

TRIELLE. — Par la fenêtre ?

VALENTINE. — Par la fenêtre.

TRIELLE *(tranquillement, va à la fenêtre qu'il ouvre).* — Saute ! *(Un temps.)* Allons, saute !
Valentine demeure immobile, attachant sur Trielle des yeux chargés de haine. Enfin :

VALENTINE. — Tu serais trop content, assassin !

Trielle referme la fenêtre et redescend en scène.

VALENTINE *(le poursuivant).* — Assassin ! Assassin ! Assassin !

TRIELLE *(à sa table, courbé sur son calepin).* — Octobre. Du 1er : pour avoir menacé le sieur Trielle de se suicider sous ses yeux, tentant ainsi d'exploiter la tendresse de cet excellent mari... 4,95 F.

VALENTINE. — Lâche ! Lâche ! Lâche !

TRIELLE. — Pour ne l'avoir pas fait... 10 sous.

VALENTINE. — Oh ! je le sais, va, ce que tu cherches !... Je le sais, où tu veux en venir ! Tu soupires après mon trépas[1] !

TRIELLE. — Trépas ! *(Écrivant.)* Soixante-quinze centimes... pour s'être servie, au cours de la conversation, de locutions empruntées au lexique de Népomucène Lemercier[2].

VALENTINE. — Voilà trop longtemps que je souffre sans me plaindre, j'en ai assez ! Je retourne dans ma famille.
Elle sort en coup de vent.

---

notes

1. tu soupires après mon trépas : tu aspires à ma mort.

2. Népomucène Lemercier : poète français (1771-1840) qui se battit contre les romantiques et refusa toujours sa voix à Victor Hugo pour un siège à l'Académie française.

Scène III

TRIELLE, SEUL.

Comme si rien ne s'était passé, il est revenu à son pupitre. Là :

TRIELLE *(se dictant à lui-même).* – « Mais le vieillard, tout à sa pensée, semblait ne pas s'en être aperçu. Soudain, élevant vers le ciel un regard de hautain défi : Eh bien ! cria-t-il, sois maudit, Dieu d'inclémence[1], Dieu d'injustice ! Toi qui n'as pas écouté mes prières, demeure à jamais abhorré[2] ! Je jette ton nom en pâture à[3] l'exécration[4] des générations à venir. » Et allez donc, turlurette[5] !
S'épongeant le front.

Quel métier !

Il poursuit :

« Comme il achevait ces épouvantables blasphèmes... »
S'interrompant :

Et le terrassier[6] se plaint de son sort !

Il poursuit :

« ... un bruit de pas troubla le silence de la rue. »
S'interrompant :

Et le mineur élève des revendications !

Il poursuit :

« De blême qu'il était, le vieillard devint livide. »
S'interrompant :

Et le cocher se met en grève !

Il poursuivit :

« Si c'était lui, murmura-t-il. Oh ! connaître enfin cet ennemi, le tenir haletant sur mon genou, arracher à son épouvante un aveu dans un dernier râle ! À ce moment, un étranger déboucha de la rue de la Harpe. Le vieillard

---

notes

1. inclémence : rigueur.
2. abhorré : détesté, haï.
3. jeter en pâture à : livrer à.
4. exécration : haine.
5. turlurette : interjection courante au XIXe siècle (que l'on retrouve chez Labiche ou Béranger).
6. terrassier : ouvrier employé aux travaux de terrassement.

bondit comme un tigre, mais aussitôt une étrange défaillance s'empara de tout son être : ses jambes fléchirent sous le poids de son corps, et, poussant un cri terrible, il s'évanouit ! » J'ai dit : trente lignes sensationnelles. Sensationnelles ; je suis tranquille. Reste à savoir si elles sont trente. Comptons.
Il additionne du bout de sa plume.
Réapparition de Valentine vêtue d'un manteau de voyage et tenant une valise à la main.

**Annie Girardot (Valentine, valise à la main)
dans *La Paix chez soi* au théâtre du Luxembourg, 1954.**

Scène IV
Valentine, Trielle
Valentine traverse la scène et gagne la porte du fond.

Valentine. — Eh bien ! adieu.

Trielle. — Ah ! c'est toi, tu t'en vas. Eh bien ! adieu.

Valentine. — Tu n'as rien à me dire ?

Trielle. — Non. Pourquoi ?

Valentine. — Je ne sais pas. Je pensais que, peut-être...

Trielle. — Tu te trompais.

Valentine. — Je te fais mes excuses.

Trielle. — Il n'y a pas de quoi.

Valentine. — En somme on peut se quitter faute de pouvoir s'entendre, et conserver pourtant de l'estime l'un pour l'autre.

Trielle. — C'est évident.

Valentine. — N'est-ce pas ?

Trielle. — Sans doute.

Valentine. — Alors, c'est bien entendu ?

Trielle. — Quoi ?

Valentine. — Tu n'as rien à me dire ?

Trielle. — Rien du tout.

Valentine. — Eh bien ! adieu.

Trielle. — Eh bien ! adieu.
Trielle se remet à la besogne.

Valentine. — C'est égal, on m'aurait rudement étonnée, si on était venu me dire hier que tu me flanquerais à la porte aujourd'hui.

Trielle. — Je ne te flanque pas à la porte.

VALENTINE. — C'est le chat[1]. Qu'est-ce que tu fais alors ?

TRIELLE. — Je ne te retiens pas. C'est tout.

VALENTINE. — Mais...

TRIELLE. — Tu veux t'en aller, va-t'en. Tu ne penses pas que je vais te garder de force, m'imposer à ton aversion[2] et te fixer au mur comme un gros papillon, avec un clou dans l'estomac. *Un temps.*

VALENTINE. —... Et comme ça... ça ne te fait rien ?

TRIELLE. — Qu'est-ce qui ne me fait rien ?

VALENTINE. — Que je m'en aille.

TRIELLE. — Ça ne te regarde pas. De quoi te mêles-tu ?

VALENTINE. — Il me semble pourtant qu'après cinq ans de ménage, tu pourrais sans te compromettre me quitter sur une bonne parole.

TRIELLE. — Je te souhaite de te bien porter et de trouver, là où tu vas, le bonheur que je n'ai pu réussir à te procurer sous mon toit. Je t'ai un peu battue, je t'en demande pardon, bien que les coups que je te donnai m'aient été certainement plus douloureux qu'à toi et qu'au fond je sois excusable de m'être conduit en dément le jour où tu m'as rendu fou. Ceci dit, et le procès jugé de cette page d'histoire ancienne, je vis en paix avec moi-même. J'ai la conscience d'avoir été un tendre et fidèle mari. Patient à ton exigence, résigné à ta dureté, esclave aux petits soins de tes moindres caprices et travaillant dix heures par jour à écrire des romans ineptes[3] mais qui me valaient la joie de te pouvoir donner un chez-toi

---

notes

1. c'est le chat (qui l'a fait) : réponse ironique faite à une personne refusant d'endosser la responsabilité d'un méfait lorsque l'on est certain de sa culpabilité.

2. aversion : rejet, répulsion.
3. ineptes : stupides.

où tu avais chaud et des robes qui te faisaient belle, j'ai tout fait pour te rendre heureuse. Tu ne t'en es pas aperçue, n'en aie pas de remords, c'est dans l'ordre. La femme ne voit jamais ce que l'on fait pour elle, elle ne voit que ce qu'on ne fait pas.

VALENTINE. – En tout cas, tu pourrais m'embrasser.

TRIELLE. – Si tu veux.
Il va à elle, l'embrasse froidement, redescend ensuite à l'avant-scène.

VALENTINE *(dans un mouvement de sortie)*. – Eh bien ! adieu.

TRIELLE. – Eh bien ! adieu.
Valentine, lentement, passe la porte, mais à peine a-t-elle disparu, qu'elle rentre, dépose sa valise, et revenant à son mari :

VALENTINE. – Donne-les-moi, mes cent cinquante francs.

TRIELLE *(avec douceur)*. – Non.

VALENTINE. – Je t'en prie !

TRIELLE. – Je ne peux pas, je t'assure.

VALENTINE. – Pourquoi ?

TRIELLE. – Parce que j'ai eu la faiblesse de te pardonner trop de fois et que tu me l'as fait payer trop cher. Car avec vous, encore, il n'y a pas de milieu : si vous ne passez pas par[1] nos mains, c'est nous qui passons par les vôtres. Alors flûte !... *(Valentine veut parler.)* N'insiste donc pas, je te dis que tu perds ton temps. Et puis, que fais-tu là ? Tu ne t'en vas plus ? À cause ? Je croyais que tu souffrais trop. Allons, va, ma petite fille, sauve-toi. Retourne auprès de tes parents. Cela vaudra mieux pour nous deux.

VALENTINE. – Je t'en supplie, je t'en conjure, donne-moi mes cent cinquante francs ! Si tu ne me les donnes pas, je vais devenir folle !

note
1. passer par : soumettre à.

TRIELLE. – Pour ce que ça te changera...

VALENTINE. – Écoute.

TRIELLE *(un peu agacé, un peu amusé aussi)*. – Oh !

VALENTINE *(se cramponnant à lui)*. – Laisse-moi donc parler. Pour les cent cinquante francs...

TRIELLE. – Encore les cent cinquante francs !

VALENTINE. – ... Tu me les retiendras un autre jour... le mois prochain... quand tu voudras, mais pas aujourd'hui, mon Dieu ! pas aujourd'hui ! Aujourd'hui, vois-tu, je les veux !... il me les faut !... j'en ai besoin !

TRIELLE *(étonné de la façon dont le mot a été prononcé)*. – À ce point-là ?... Regarde-moi un petit peu, Valentine. Tu as fait une bêtise ? *(Mutisme éloquent de Valentine.)* Naturellement. Laquelle ?

VALENTINE. – Tu ne crieras pas trop fort ?

TRIELLE. – Je tâcherai. Va toujours.

VALENTINE. – Eh bien ! j'ai un effet à payer[1] aujourd'hui.

TRIELLE. – Tu as souscrit un effet[2] ?

VALENTINE. – Oui.

TRIELLE. – Cela ne m'étonne pas de toi. Ce qui me surprend, c'est que tu aies trouvé à le passer. La loi refusant à la femme le droit de signer des billets sans l'autorisation de l'époux, le tien est nul et sans valeur.

VALENTINE. – Pardon.

---

notes

1. un effet à payer : une dette à payer (sous forme de billet signé reconnaissant la dette).

2. souscrire un effet : signer une reconnaissance de dette.

TRIELLE. — Comment pardon ?

VALENTINE. — Sans doute. *(Très simplement.)* J'ai imité ta signature pour faire croire qu'il était de toi.

TRIELLE *(abasourdi).* — Et tu viens me dire cela avec ton air tranquille ?... Mais c'est un faux !

VALENTINE. — Qu'est-ce que ça fait ?
À cette réponse inattendue, faite d'ailleurs sur le ton de la plus absolue bonne foi, Trielle demeure sans un mot. Il contemple longuement la jeune femme, comme frappé d'admiration.

TRIELLE. — Allez donc répondre à cela ! *(Il complète sa pensée d'un large geste d'impuissance. Puis :)* De combien le billet ?

VALENTINE. — Cent cinquante.

TRIELLE. — Mazette[1] ! Tu n'y vas pas avec le dos de la cuillère. *(Un temps.)* Une acquisition peut-être ?

VALENTINE. — Une acquisition, en effet.

TRIELLE. — Indispensable ?

VALENTINE. — Si on veut.

TRIELLE. — Nécessaire, au moins ?

VALENTINE. — Cela dépend.

TRIELLE. — Enfin, utile ?

VALENTINE. — Oui et non.

TRIELLE *(effleuré d'une idée).* — Une lanterne à verres de couleur ?

VALENTINE *(baissant le nez).* — En imitation de fer forgé.

TRIELLE. — Elle y est arrivée ! Ça y est !... Sais-tu que des gamins reçoivent des calottes qui les ont méritées moins que toi ?

---

note

1. mazette : exclamation familière d'admiration, d'étonnement.

A-t-on idée d'un tel appétit de lanterne !... *(Il garde le ton de la dispute, mais la conviction n'y est plus. Au fond, on sent qu'il perd pied devant cet excès d'enfantillage.)* Enfin !... Et où l'as-tu fourrée, cette œuvre d'art ? Va me la chercher, que je la contemple !... que j'en grise[1] mes yeux extasiés ! *(Mais Valentine ne bouge pas.)* Allons ! Cours ! Vole ! Bondis ! Non ? *(Valentine en effet, de la tête, a eu un NON embarrassé.)* Tu ne veux pas ? *(Même jeu de Valentine.)* Tiens, tiens, tiens... Regarde-moi encore. *(Avec une grande douceur :)* Tu l'as cassée ?

VALENTINE. – En l'apportant. *(Et comme Trielle fixe sur elle un regard empli d'une immense allégresse[2] :)* Ce n'est pas ma faute à moi, si c'était de la camelote. Elle avait un œil[3] ! mais un œil !... Tout le monde y aurait été pris. Alors, qu'est-ce que tu veux, je me suis laissé tenter... C'est donc là que j'ai proposé au marchand, comme si j'étais venue de ta part, de nous faire crédit jusqu'à la fin du mois, moyennant un petit écrit. Alors, le marchand a dit oui. Alors, je lui ai remis l'écrit... que j'avais préparé d'avance. Alors il m'a remis la lanterne enveloppée dans un grand papier ; et une fois à la maison, quand j'ai défait le papier pour voir la lanterne, le machin m'est resté dans une main, la chose dans l'autre. Voilà comment c'est arrivé.

Tout ce récit a été dit d'une voix larmoyante de petite pauvre, secouée de sanglots mal contenus. Trielle l'a écoutée gravement, se gardant bien d'interrompre, la tête agitée, par moments, de ces hochements approbatifs qui se moquent avec l'air d'apprécier.
Mais Valentine ayant achevé :

---

notes

1. que j'en grise : que j'en gave.
2. allégresse : joie.
3. avoir un œil : une apparence, un aspect.

TRIELLE *(la parodiant)*. – Le machin t'est resté dans une main, la chose dans l'autre !... *(Changement de ton.)* Tiens, tu es trop bête, tu me désarmes ! Les voilà tes cent cinquante francs. Et puis imite-la encore, ma signature ; tu verras un peu si, ce coup-là, je ne te fais pas mettre en prison. Tu n'as pas honte !

VALENTINE. – Merci, Édouard.

TRIELLE *(faussement indigné)*. – Faussaire !... Canaille !... Mouche ton nez !

VALENTINE. – Et les autres ?

TRIELLE. – Quels autres ?

VALENTINE. – Les autres cent cinquante francs.

TRIELLE. – Ah çà, par exemple, c'est le comble ! Il faut encore ?...

VALENTINE. – Dame ! Ce n'est que juste. Ceux-là, c'est pour payer ton billet.

TRIELLE *(l'œil au ciel)*. – Mon billet ! Allons file ! Que je ne te revoie plus, que je n'entende plus parler de toi !

VALENTINE. – Alors, tu ?...

TRIELLE. – Quand la banque passera, je verrai ce que j'ai à faire. *Du coup, délivrée à la fois de la crainte d'une diminution et de la terreur du gendarme, Valentine se sent touchée. Elle va à Trielle, le fixe dans les yeux. Puis d'une voix où se trahit la profonde surprise d'une personne qui fait tout à coup une découverte inattendue :*

VALENTINE. – C'est pourtant vrai que tu es un bon mari.

TRIELLE. – Il est fâcheux que tu t'en aperçoives le jour, seulement, où je réussis à te faire peur.

Elle ne répond que d'un petit mouvement de corps, tendre et câlin ; un remords qui se fait caresse. Elle se glisse dans son bras dont ensuite, de force, elle se ceinture la taille, et elle demeure nichée, honteuse, le front reposé à l'épaule du jeune homme qui l'a laissée faire sans rien dire.

TRIELLE *(mélancoliquement).* – Οια κεφαλη – dit le renard d'Ésope[1], – και εγκεφαλον ουκ εκει.

VALENTINE. – Qu'est-ce que tu dis ?

TRIELLE. – Rien. C'est du grec.

VALENTINE *(vaguement flattée).* – Comme tu es gentil quand tu veux !

**Annie Girardot (Valentine) et Julien Bertheau (Trielle)
dans *La Paix chez soi* au théâtre du Luxembourg, 1954.**

---

note

1. *dit le renard d'Ésope* : citation du fabuliste grec Ésope (VIIe-VIe s. av. J.-C.) qui signifie : « Belle tête mais point de cervelle. »

Elle sort lentement, son argent à la main. Trielle la suit du regard. Que de puérilité, mon Dieu !... Que d'inconscience !... Que de faiblesse !... Elle disparaît enfin. Trielle reste seul. Alors, il hausse les épaules, et, d'une voix qu'on entend à peine, il murmure, le cœur plein de pitié, cette simple exclamation :

TRIELLE. – Misère !...

Cependant le travail le réclame. De nouveau il revient à son pupitre, où, achevant de contrôler l'importance de son feuilleton :

317, 319, 320. Le compte y est. *(Il dit, trempe sa plume dans l'encre, puis se dictant à lui-même.)* « La suite au prochain numéro. »

Au fil du texte

Questions sur La Paix chez soi (pp. 81 à 102)

QUE S'EST-IL PASSÉ ?

1. Complétez les phrases suivantes.

a) Pour l'entretien du couple, Trielle donne à Valentine une somme mensuelle de ....

b) Mais il a décidé, ce mois d'octobre, de retirer ....

c) Le couple est marié depuis ....

d) Après plusieurs protestations, Valentine, dans la scène II, menace de .... puis, à la fin de la scène, elle annonce qu'elle ....

e) Après avoir simulé un départ, Valentine revient et réclame ....

AVEZ-VOUS BIEN LU ?

2. Valentine estime-t-elle le travail de Trielle ? Relevez deux répliques qui justifient votre réponse.

3. Pour quelles raisons Trielle a-t-il décidé d'infliger des amendes à Valentine ?

4. Comment réagit Trielle lorsque Valentine menace de le mettre au pain sec et à l'eau ?

5. Pour quelle raison Valentine accuse-t-elle Trielle d'être un « *assassin* » (l. 336) ?

6. Quelle est la réaction de Trielle quand Valentine annonce son désir de le quitter ?

Au fil du texte

ÉTUDIER LA GRAMMAIRE

7. Relevez deux pronoms relatifs composés dans cette pièce. Expliquez leur orthographe et donnez leur fonction grammaticale.

8. Relevez deux manières différentes d'exprimer la cause dans ces pages. Vous réécrirez les phrases en utilisant à chaque fois une formulation conservant le même rapport logique.

9. Relevez deux manières différentes d'exprimer la conséquence dans la pièce.

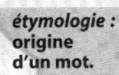

étymologie : origine d'un mot.

ÉTUDIER LE VOCABULAIRE

10. Donnez une expression synonyme de « *Trielle se remet <u>à la besogne</u>* » (l. 408). Expliquez le sens précis du mot « *besogne* ». Puis vous indiquerez l'adjectif dérivé de ce nom et vous en donnerez la signification précise.

11. Quelle est l'étymologie* du mot « travail » ?

12. Qu'est-ce qu'un feuilleton ?

13. « *Nous allons régler nos petits comptes* » (l. 115-116), annonce Trielle. Comment interprétez-vous cette formule ?

ÉTUDIER L'ORTHOGRAPHE

14 « *De cette heure donc, tu peux, en toute tranquillité, forte du serment que je te fais de ne plus me mettre en colère sous quelque prétexte que ce soit, donner libre cours aux élans de ton infernal caractère. Quoi que tu dises, quoi que tu fasses, tu n'auras de moi ni une chiquenaude, ni le moindre rappel à l'ordre : je mettrai* *cela sur la note, simplement. Tu paieras à la fin du mois. Hurle, braille, rugis, vocifère, fais du scandale tout ton soûl, trouble tant que tu voudras le repos des voisins ; tu n'as à t'occuper de rien : tu paieras à la fin du mois »* (l. 280 à 289).

Imaginez que Trielle vouvoie sa femme : faites les transformations nécessaires.

ÉTUDIER UN THÈME : LA DISPUTE

15. Qui semble le plus agressif lorsque le couple se retrouve ? Justifiez votre réponse en observant les premiers échanges.

16. Citez deux reproches que se font chacun des partenaires dans la scène II. Ces reproches vous semblent-ils justifiés ?

17. Quelles sont les différentes attitudes qu'a adoptées Trielle à l'égard de Valentine ? Ont-elles été efficaces ?

18. Quelles sont les différentes stratégies qu'adopte Valentine au cours de la pièce ? Réussit-elle à attendrir Trielle ? Pensez-vous que la situation finale promet une réconciliation définitive ?

ÉTUDIER LE DISCOURS

19. Donnez trois exemples de discours ironiques employés par Valentine dans la scène II. Y a-t-il une évolution de son discours dans les scènes suivantes ?

20. Trielle pratique aussi l'ironie : choisissez quelques exemples pour le montrer.

Au fil du texte

21. Certaines tirades de Trielle comportent des parties narratives : montrez-le en étudiant notamment l'emploi des temps verbaux et expliquez la fonction de ces passages.

22. Relevez une didascalie* dans la dernière scène qui introduit un commentaire personnel de Courteline sur l'action.

ÉTUDIER LE GENRE : LA COMÉDIE VAUDEVILLE

didascalie : **indication scénique donnée par l'auteur, accompagnant le texte d'une œuvre théâtrale.**

23. Qu'est-ce qu'un vaudeville à l'époque de Courteline ?

24. Quels sont les éléments de la première didascalie de la pièce qui sont utiles à la compréhension et à l'action de la situation ?

25. Quelle est la fonction de la fausse sortie effectuée par Valentine ? Est-ce une attitude surprenante dans une scène de ménage ? La stratégie de Valentine réussit-elle ?

26. Peut-on dire que la comédie dénonce ici les ridicules de chaque personnage ? Quel personnage vous semble le moins ridicule ?

27. Le renversement de situation est un procédé dramatique habituel : montrez que, dans ce dialogue, plusieurs renversements de situation sont présents.

ÉTUDIER L'ÉCRITURE

28. Qu'est ce qu'une « stichomythie » ? Donnez quelques exemples empruntés à cette pièce.

29. Le dialogue fait alterner des tirades* et des échanges brefs. Qui utilise davantage de tirades dans cette pièce ? Est-ce une indication importante pour comprendre aussi la signification de cette dispute ?

30. Quelles remarques feriez-vous sur le style utilisé par Trielle dans son roman ?

LIRE L'IMAGE

31. Quels sont les commentaires que vous inspire la photographie de la page 101 ?

tirade : au théâtre, suite de phrases qu'un acteur dit sans interruption.

RECHERCHES, EXPOSÉS ET DÉBATS

32. *La Paix chez soi* fut présentée au théâtre Antoine en novembre 1903. Qui était André Antoine ? À quelle époque ce théâtre fut-il créé ?

33. Les pièces de Courteline peuvent-elles encore être montées aujourd'hui ? Expliquez votre point de vue en développant deux arguments.

À VOS PLUMES !

34. Choisissez un exemple dans la liste des reproches écrits adressés par Trielle à son épouse. Construisez un dialogue qui développera la situation.

35. Imaginez une nouvelle scène entre Trielle et sa femme quelques mois après cet échange.

36. Écrivez une vingtaine de lignes pour continuer le roman-feuilleton écrit par Trielle. Vous veillerez à respecter le ton employé et les informations déjà présentes.

Retour sur l'œuvre

QUI DIT QUOI ?

1. Parmi les personnages qui participent aux trois pièces choisies (Aglaé et son mari, des Rillettes, Félicie, madame Boulingrin et son mari, Trielle et Valentine), quels sont ceux qui prononcent les phrases suivantes ?

a) « Tu ne penses pas que je vais te garder de force, m'imposer à ton aversion et te fixer au mur comme un gros papillon, avec un clou dans l'estomac. » ………………………… .

b) « Ma parole c'était écœurant de te voir ainsi faire des grâces et arrondir la bouche en derrière de poule avec une figure d'assassin. » ………………………… .

c) « En six mois de temps, j'ai flanqué onze bonnes à la porte, et je n'ai pas de sang dans les veines ? » ………………… .

d) « Ainsi tenez, dans mon pays, à Saint-Casimir, près Amboise, nous avions un voisin qui s'appelait Piédevache. »
………………………………… .

e) « La femme ne voit jamais ce que l'on fait pour elle, elle ne voit que ce qu'on ne fait pas. » ………………………… .

f) « Tes insinuations en demi-teintes font ce qu'elles peuvent pour être blessantes, heureusement la sottise n'a pas de crocs. »
………………………………… .

g) « C'est que, voyez-vous, mon enfant, plus on avance dans la vie, plus on en voit l'inanité. Qu'est la volupté ? Un vain mot. Qu'est le plaisir ? Une apparence. »
………………………………… .

Retour sur l'œuvre

h) « *Je n'ai pas l'habitude de te carotter des avances ; peut-être ; j'ai de l'économie et de l'ordre et tu as eu le temps de t'en apercevoir depuis 5 ans que nous sommes mariés.* »
....

i) « *Eh bien j'ai le regret de t'apprendre que le jour où l'esprit et toi passerez par la même porte, nous n'attraperons pas d'engelures.* » ....

j) « *Vous en feriez une bouillotte, si on vous mettait à la broche avec une grosse gousse d'ail dans le derrière, et qu'on vous foute ensuite à roter devant le feu, depuis le premier janvier jusqu'à la Saint-Sylvestre.* » ....

k) « *Tu as raté ta vocation. Tu aurais dû te faire cabotin.* »
....

l) « *Nous ne sommes pas dans une écurie. Je n'ai pas l'habitude qu'on me parle sur ce ton-là.* »
....

m) « *Quand on a pardonné aux gens, on ne doit pas être tout le temps à le leur corner aux oreilles.* »
....

n) « *Ne me force pas à révéler en l'infection de quel cloaque je t'ai pêchée de mes propres mains.* »
....

o) « *Ce n'est pas vous qui tenez la queue de la poêle et qui payez les pots cassés. Alors vous tranchez la question avec le désintéressement d'un bon gros diable de pourceau confit dans son égoïsme.* » ....

Retour sur l'œuvre

VOCABULAIRE

2. Voici quelques locutions et expressions qu'emploie Courteline dans ses pièces. Pouvez-vous donner leur signification ?

a) *vendre des pois qui ne voulaient pas cuire* : ....
b) *mettre le feu aux poudres* : ....
c) *se conduire comme une fille* : ....
d) *avant qu'il soit l'âge d'un cochon de lait* :
....
e) *être roué comme une potence* : ....
f) *ronfler comme un sonneur* : ....
g) *arriver comme marée en carême* : ....
h) *avoir du sang dans les veines* : ....
i) *faire les grands bras* : ....
j) *ne pas y aller avec le dos de la cuillère* : ....
k) *une fine mouche* : ....
l) *la mesure est comble* : ....
m) *c'est le chat qui l'a fait* : ....

3. Donnez le synonyme des mots suivants.

a) inanité : ....
b) onéreux : ....
c) ouïr : ....
d) larder : ....
e) dissension : ....
f) inadvertance : ....
g) geindre : ....
h) opprobre : ....
i) galapiat : ....
j) magnanime : ....
k) cabotin : ....

Retour sur l'œuvre

l) gousset : ....
m) mutisme : ....
n) carotter : ....
o) mansuétude : ....
p) abhorrer : ....
q) inepte : ....
r) aversion : ....

LES PERSONNAGES

4. Dans quelle pièce trouve-t-on ?
a) Le couple marié le plus ancien : ....
b) Une poterie ébréchée sur une cheminée : ....
c) Une menace de suicide : ....
d) Une tentative de meurtre avec un pistolet : ....
e) Un incendie : ....
f) Un carnet de bal : ....
g) Une allusion à Lord Byron : ....
h) Une citation d'Ésope : ....
i) Une servante : ....
j) Une femme qui se déshabille : ....
k) Un pique-assiette : ....
l) ne sicilienne en chèvre du Tibet : ....
m) Le souvenir d'un feu d'artifice sur l'esplanade des Invalides : ....
n) Le mot « *trépas* » : ....
o) Une reconnaissance de dette : ....
p) Ernestine : ....

Dossier Bibliocollège

Il était une fois Georges Courteline

UN FILS D'ÉCRIVAIN

Date clé
25 juin 1858 : naissance à Tours de Georges Moinaux.

Georges Moinaux, le futur Courteline, naît à Tours le 25 juin 1858. Ses parents sont installés depuis quelques années à Paris, mais la mère de Courteline a souhaité accoucher dans la ville où résident ses propres parents (qui sont séparés). Elle confiera l'enfant à ceux-ci, en garde alternée, jusqu'à l'âge de 5 ans. En effet, les parents de Georges mènent une vie parisienne active et très réglée : l'arrivée de cet enfant inattendu les a un moment dérangés dans leurs habitudes et ils ne souhaitent pas vraiment s'en occuper. Les premières années de Georges sont encadrées par une grand-mère austère et un grand-père ébéniste auprès duquel l'enfant aime se réfugier. L'indéniable indifférence de ses propres parents fera dire à Courteline, bien plus tard : « *Je n'ai pas eu une enfance heureuse.* »
Le père de Courteline, Jules Moinaux, est un auteur reconnu qui mène une activité de chroniqueur judiciaire et de journaliste tout en écrivant quelques vaudevilles, quelques piécettes et des livrets d'opéra pour différents compositeurs (comme Offenbach). Cet homme sévère et rigoureux a pourtant une solide réputation d'humoriste. Ses livres ou certaines de ses pièces obtiennent un grand succès dans le Paris du Second Empire.

Il était une fois Georges Courteline

UNE AMÈRE ADOLESCENCE

À 5 ans, Georges retrouve sa famille dans le centre de Paris. Il s'ennuie ferme mais l'été, quand les parents rejoignent leur maison de campagne (située à Montmartre !), le petit s'amuse en compagnie des artistes que fréquente son père. L'atmosphère champêtre de la colline ravit l'enfant autant que les actrices et les journalistes qui jouent avec lui. Le monde du théâtre l'attire.

Mais ces quelques années d'insouciance relative laissent place, dès 1871, à une période beaucoup plus sombre, qui marquera profondément Courteline. L'adolescent est en effet placé dans un pensionnat, le collège de Meaux, réputé pour sa discipline très stricte. Châtiments corporels, punitions absurdes, professeurs médiocres et bornés, autant d'expériences qui lui laisseront le souvenir d'une « *mélancolique tristesse* », de blessures amères dont « *les cicatrices ne s'effacent jamais* ». Sans doute faut-il chercher dans ce mélange précoce de solitude et d'indifférence familiale, les sources d'une certaine ironie critique à l'égard de ses contemporains et d'un réel pessimisme. Au cours de ses études, il découvrira tout de même quelques écrivains, grâce à un professeur plus ouvert, et fera ses premiers essais remarqués d'acteur, dans une pièce de Labiche.

Dates clés

1863 :
Georges et sa famille viennent vivre à Paris sur la butte Montmartre.

1871 :
Georges est placé dans un pensionnat.

Il était une fois Georges Courteline

DE MOINAUX À COURTELINE

Dates clés
novembre 1879 : Georges est appelé au service militaire.

juin 1980 : Georges obtient un congé définitif de l'armée.

Georges retrouve Paris en 1877 : il a réussi la première partie de son baccalauréat à Meaux mais il échoue l'année suivante après un an d'études dans un lycée parisien. Il a découvert les joies de la vie parisienne et une liberté nouvelle peu compatible avec l'assiduité scolaire. Après un tirage au sort défavorable, il est appelé au service militaire pour cinq ans en novembre 1879. Cette vie nouvelle ne lui convient guère et il s'emploie surtout à obtenir un congé définitif de l'armée. Il sera placé en « congé de convalescence » en juin 1880 mais cette expérience de la vie militaire nourrira son œuvre et sa verve satirique pour des années.

Date clé
1881 : Georges crée une revue littéraire, *Paris moderne*, sous le nom de plume de Courteline.

Grâce à l'intervention d'un père influent et impatient, il devient fonctionnaire, dans un emploi subalterne de « gratte-papier », à la direction des Cultes qui gère les édifices religieux et leur personnel. Le salaire modeste (100 francs par mois) lui permet tout de même de vivre à Paris et de se lancer dans le journalisme. Ambitieux, le jeune homme crée en 1881 une petite revue littéraire, *Paris moderne*, dans laquelle il va publier des poésies, des nouvelles ou des souvenirs en adoptant un pseudonyme : Courteline. Pourquoi ? Pour se distinguer du patronyme célèbre, comme il l'expliquera plus tard : « *Étant le fils de Jules Moinaux, je craignais de voir attribuer à la complaisance paternelle mes premières et puériles tentatives. Je préférais me faire péniblement un nom à en utiliser un tout fait.* »

Un journaliste renommé

L'expérience du *Paris moderne* dure plus de deux ans. Le jeune Courteline, qui aime la vie parisienne, les bistrots, les nuits festives dans les cabarets à la mode, conserve son poste de fonctionnaire mais il a pris goût au journalisme. Il est engagé en 1884 dans un quotidien culturel (*Les Petites Nouvelles*) pour rédiger une chronique régulière. En quelques semaines, il acquiert une renommée impressionnante grâce à sa verve et à un style volontiers ironique et alerte. Ses chroniques sont même réunies dans un volume pour attirer de futurs abonnés et plusieurs dizaines de milliers d'exemplaires sont distribués. Si l'humoriste aborde toutes sortes de sujets liés à l'actualité parisienne, il se moque volontiers des mœurs militaires et de la vie de caserne.

En 1886, il publie un premier roman chez Flammarion, l'éditeur de son père : *Les Gaîtés de l'escadron*. Puis il rejoint une revue prestigieuse (*La Vie moderne*) pour y écrire des chroniques ou des feuilletons fort appréciés du public : *Femmes d'amis*, *Le Train de 8 h 47*. En 1890, quand il est engagé par *L'Écho de Paris*, un quotidien à grand tirage, Paris connaît le nom de Courteline : sa plume acérée et caustique jouit d'une solide réputation. En quelques années, il est devenu un journaliste célèbre mais il n'est pas encore l'auteur de comédies que nous connaissons.

Date clé
1884 : Courteline est engagé au journal *Les Petites Nouvelles* comme chroniqueur.

Date clé
1886 : parution de son premier roman chez Flammarion, *Les Gaîtés de l'escadron* ; parution ensuite de *Femmes d'amis*, et *Le Train de 8 h 47*.

Il était une fois Georges Courteline

UNE INVITATION AU THÉÂTRE

Date clé
novembre 1890 : Courteline rencontre André Antoine, metteur en scène et fondateur du très novateur Théâtre-Libre.

Dans un cabaret à la mode, Courteline rencontre, en novembre 1890, le metteur en scène et fondateur du Théâtre-Libre, André Antoine. Celui-ci essaie de bousculer le théâtre de son époque en inventant une mise en scène plus réaliste et en faisant appel à des auteurs nouveaux. Au cours de cette soirée décisive, Antoine invite Courteline à écrire « *ne fût-ce qu'un acte pour le Théâtre-Libre* ». Le metteur en scène confiera, juste après cette rencontre : « *J'ai la conviction que son comique puissant serait une note bien heureuse dans la disette où nous sommes d'auteurs vraiment gais.* »

**Georges Courteline avec André Antoine (à gauche) et Pierre Wolff (à droite).
Collection madame Georges Courteline.**

L'intuition d'Antoine sera rapidement confirmée. En 1891, Courteline va s'employer à adapter pour la scène une première nouvelle, *Lidoire*, tout en continuant ses activités de feuilletoniste pour *L'Écho de Paris*. Il trouve de nouvelles cibles pour exercer son ironie dans les journaux : *Messieurs les ronds-de-cuir* donne le portrait précis et satirique des petits fonctionnaires qu'il fréquente dans son travail à la direction des Cultes. Il a en effet conservé son poste grâce à la bienveillance d'un supérieur lettré... Mais, fin 1891, il trouve une solution originale (qui tiendra jusqu'en 1894) pour dégager davantage de temps libre : un employé zélé fera désormais son travail en échange de la moitié de son salaire !

Date clé
1891 : Courteline adapte pour la scène une de ses nouvelles, *Lidoire*, puis il écrit une comédie satirique, *Messieurs les ronds-de-cuir*.

COURTELINE, AUTEUR DE COMÉDIES INSOLENTES

Courteline s'installe avec une actrice fantasque et insouciante. Le couple aura deux enfants en 1893 et 1895. Georges continue à mener de front ses activités intenses d'écrivain et ses soirées animées de bambocheur montmartrois. En 1893, il propose un vaudeville au Théâtre-Libre, qui le consacre vraiment comme auteur comique : *Boubouroche*. La pièce reçoit un accueil enthousiaste de la critique (« *un vrai auteur comique nous est né* », écrit Catulle Mendès) et du public.

Courteline obtient alors une disponibilité pour son poste de fonctionnaire et écrit des pièces comiques pour plusieurs théâtres parisiens. *La Peur des coups* est jouée fin 1894, adaptée d'une de ses chroniques parue dans *L'Écho de Paris*. Sa compagne, Suzanne Berty,

Date clé
1893 : au Théâtre-Libre, son vaudeville *Boubouroche* connaît un succès qui le consacre comme auteur comique.

Il était une fois Georges Courteline

Dates clés

1894 :
La Peur des coups.

1895 :
Les Gaîtés de l'escadron.

1896 :
il interprète
*La Peur des coups.
Un client sérieux.*

1897 :
*Monsieur Badin
et Hortense,
couche-toi.*

1898 :
Les Boulingrin.

1899 :
*Le Gendarme
est sans pitié* et
*Le Commissaire
est bon enfant.*

1900 :
L'Article 330.

1901 :
Les Balances.

1902 :
La Paix chez soi.

tenait le rôle féminin. Fidèle à ce principe d'adaptation (de ses romans, de ses feuilletons ou de ses chroniques) qui lui vaudra toutes sortes de succès sur les scènes parisiennes, Courteline présente l'année suivante *Les Gaîtés de l'escadron* au théâtre de l'Ambigu-Comique. Il monte sur scène en 1896 pour jouer *La Peur des coups* et remporte un beau succès. Régulièrement, dans les années qui suivent, il incarne ses personnages sur scène. Les succès théâtraux se multiplient : *Un client sérieux* en 1896 ; *Monsieur Badin, Hortense, couche-toi* en 1897 ; *Les Boulingrin* en 1898 ; *Le Gendarme est sans pitié, Le Commissaire est bon enfant* en 1899 ; *L'Article 330* en 1900 ; *Les Balances* en 1901 ; *La Paix chez soi* en 1903. Courteline a inventé un théâtre comique bref et explosif, sans intrigue compliquée, composé d'échanges vigoureux, de dialogues incisifs. Un théâtre insolent où les militaires, les gratte-papiers, les policiers et les juges sont souvent ridicules.

Chagrins et consolations

Frappée par une tuberculose foudroyante, la compagne de Courteline, qu'il épouse quelques semaines avant sa disparition, meurt en 1902, âgée de 33 ans. Le chagrin est immense et notre auteur aura du mal à retrouver sa verve comique. Sollicité par le directeur de la Comédie-Française, il écrit une suite au *Misanthrope* de Molière intitulée *La Conversion d'Alceste*. Entrer dans ce théâtre prestigieux est une consécration pour un auteur vivant : Courteline n'est plus seulement un écrivain populaire. Il est devenu une référence pour ses contemporains. Mais le ton

Il était une fois Georges Courteline

**Georges et Marie-Jeanne Courteline.
Collection madame Georges Courteline.**

Il était une fois Georges Courteline

Dates clés

1902 à 1905 : très affecté par le décès de sa compagne, il accepte, à la demande du directeur du théâtre de la Comédie-Française, d'écrire une suite au *Misanthrope* de Molière, *La Conversion d'Alceste*.

1909 : il écrit avec Pierre Wolff *J'en ai plein le dos de Margot*.

1910 : Léo Marché met en scène *Le Train de 8 h 47*.

1911 : succès plus modeste pour la mise en scène de *Messieurs les ronds-de-cuir*.

1912 : publication d'un livre de souvenirs de jeunesse, *Les Linottes* : enthousiasme de la critique.

pessimiste de la pièce déconcerte le public et cette œuvre n'aura guère de succès quand elle sera proposée en 1905.

Courteline rencontre une actrice pétillante, Marie-Jeanne Brécou, avec laquelle il vivra une grande histoire d'amour jusqu'à sa mort. Il l'épousera en 1907. Les adaptations pour le théâtre de ses nouvelles et romans continuent de remporter de grands succès. Courteline écrit parfois ces pièces en collaboration avec un autre auteur (Pierre Wolff, par exemple, pour *J'en ai plein le dos de Margot*, en 1909). Il confie parfois l'adaptation à d'autres auteurs avec un succès inégal. Léo Marchès adapte *Le Train de 8 h 47* en 1910, malgré les réticences de l'auteur. La pièce va connaître un véritable triomphe : elle sera jouée des milliers de fois sur les scènes parisiennes et en province. L'adaptation théâtrale de *Messieurs les ronds-de-cuir*, l'année suivante, ne remportera pas le même succès. En 1912, il publie un ouvrage, *Les Linottes*, évoquant sa jeunesse bohème et ses rencontres montmartroises. Ce livre reçoit un accueil enthousiaste de la critique.

MALADIE ET CONSÉCRATION

Pendant la Première Guerre mondiale, Courteline se réfugie à Tours où il côtoie Anatole France, une autre gloire de la littérature française. Entre deux parties de cartes au bistrot, notre auteur s'ennuie ferme. Il va distraire de temps en temps les poilus de la Première Guerre mondiale en jouant *La Paix chez soi*, pièce pour laquelle il garde une tendresse certaine. Il rédige un ouvrage original de pensées

Il était une fois Georges Courteline

et d'aphorismes qu'il intitule *Philosophie* (publié en 1917).

Après la guerre, il continue à gérer les droits que lui rapporte son œuvre théâtrale, avec vigilance et pugnacité. Les cinéastes s'intéressent à ses œuvres et ses pièces sont régulièrement adaptées (*Les Gaîtés de l'escadron*, film réalisé par Maurice Tourneur en 1913 ; *Boubouroche*, film d'Henri Diamant-Berger en 1922). Une opérette adaptée de son roman *Les Linottes* connaît un grand succès en 1923. En 1924, une inflammation d'un orteil occasionne une intervention chirurgicale compliquée par un diabète. La gangrène gagne la jambe droite et Courteline subit une amputation en 1925. Il s'attache, dans les mois qui suivent, à la correction de son œuvre intégrale qui paraîtra, en 14 volumes, jusqu'en 1927. Il est élu à l'académie Goncourt en 1927 après avoir été couronné par le grand prix de l'Académie française en 1926. Une dernière attaque de la maladie, en juin 1928, lui vaudra une seconde amputation, fatale cette fois.

Dates clés
1910-1923 :
Courteline se réfugie à Tours et gère ses droits d'auteur. Des cinéastes vont adapter ses œuvres et pièces.

Dates clés
1924-1928 :
son état de santé se détériore et il doit subir une amputation de la jambe droite en 1925. En 1926, il reçoit le grand prix de l'Académie française ; puis en 1927, il est élu à l'académie Goncourt. Opéré à nouveau en 1928, il décède des suites de cette opération.

La « Belle Époque » de Courteline

Entre 1895 et 1905, Courteline connut ses principaux succès théâtraux : les trois pièces que nous proposons sont jouées pendant cette période faste. Une ère nouvelle s'amorce qui sera baptisée, après la Première Guerre mondiale, avec une nostalgie parfois un peu trompeuse, la « Belle Époque ». Elle s'étend de la fin du XIXe siècle au début du conflit mondial, en 1914.

Paris à la Belle Époque. Dessin de Jean Béraud.

La « Belle Époque » de Courteline

LES LUMIÈRES DE LA « BELLE ÉPOQUE »

• Une conjoncture favorable

Après des années de crise économique et de récession, les indices de la production industrielle progressent à nouveau à partir de 1895. On atteint alors 3 % de croissance annuelle, taux qui s'élèvera à 5 % dans les années 1910. La hausse maîtrisée des prix et des profits s'accompagne d'une progression des salaires et d'une meilleure stabilité de l'emploi. Globalement, le pouvoir d'achat de la population s'améliore durant cette période, expliquant la prospérité retrouvée des entreprises et l'optimisme qui l'accompagne. Au début du XXe siècle, la France fait figure de pays riche et prospère : le revenu national a doublé en quarante ans et l'exportation des capitaux français est en pleine expansion. Après la grande dépression des années 1880, l'économie française a retrouvé sa vitalité. L'expansion coloniale fait passer l'Empire français de 900 000 km^2 en 1876 à plus de 10 millions de km^2 en 1914, tandis que la population des territoires coloniaux passe de 6 millions à 50 millions d'habitants.

Dates clés
1895 :
la croissance économique repart avant d'accélérer au début du XXe siècle.

1876-1914 :
la colonisation engendre un accroissement spectaculaire de l'Empire français.

• Les progrès techniques

Les progrès techniques stimulent l'économie en même temps qu'ils rendent la vie quotidienne plus facile et plus agréable. Ils alimentent la confiance dans le progrès et l'adhésion à une « modernité » marquée par le développement de nouvelles machines qui fascinent la population. Certaines découvertes scientifiques comme l'électricité et le moteur à explosion se répandent. Le téléphone, apparu

La « Belle Époque » de Courteline

Paris à la Belle Époque : les progrès de la circulation.

en 1876, commence à se diffuser. L'automobile, mise au point entre 1886 et 1890, est promise à un bel avenir dès le début du XXe siècle. L'éclairage électrique se développe, l'acier remplace le fer, la machine à coudre et la bicyclette gagnent les foyers. Le premier Tour de France cycliste est organisé en 1903, tandis que la première course automobile internationale a lieu la même année. L'avion, qui effectue ses premiers vols à partir de 1890, avec Clément Ader, enthousiasme le public. Blériot va traverser la Manche en 1909, tandis que Roland Garros franchira la Méditerranée en 1912.

La « Belle Époque » de Courteline

Le tramway commence à remplacer l'omnibus à cheval dans les villes. Le métro investit le sous-sol parisien à partir de 1900.

• La stabilité institutionnelle de la IIIe République

Née de l'effondrement de l'Empire devant l'offensive allemande, la République de 1870 met quelques années à s'affirmer et à se stabiliser définitivement : il faut attendre 1875 pour la voir pourvue d'une Constitution et d'une répartition équilibrée des pouvoirs. La IIIe République durera jusqu'en 1940. Les années qui correspondent aux débuts professionnels de Courteline sont d'abord marquées par l'enracinement progressif d'un pouvoir républicain modéré qui rallie les conservateurs et les décideurs économiques. Le régime républicain résiste aux crises politiques et aux difficultés conjoncturelles qui s'accumulent à partir des années 1885 : la crise boulangiste (1889), les scandales financiers comme le scandale du canal de Panama (1893), des affaires de trafic d'influence qui obligent par exemple Jules Grévy à démissionner en 1887, les attentats anarchistes (de 1892 à 1894). Pour avoir refusé d'user de son droit de grâce en faveur d'Émile Henry (qui avait commis un attentat en 1894), le président de la République, Sadi Carnot, fut assassiné par Caserio, un anarchiste italien, en juin 1894. Après cette vague d'attentats, le terrorisme anarchiste disparut, mais un anarchisme plus pacifique se diffusa auprès d'artistes en mal de contestation. Malgré les crises, les nostalgiques de la monarchie ou les apôtres de la révolution n'arriveront pas à balayer la IIIe République.

Dates clés

2 septembre 1870 : proclamation de la IIIe République.

8 février 1871 : une assemblée à dominante monarchiste freine l'établissement d'un régime républicain.

mai 1871 : écrasement de la Commune.

1876 : Victoire définitive des républicains aux élections législatives.

La « Belle Époque » de Courteline

• La « Belle Époque » de la presse

Courteline, comme beaucoup de jeunes écrivains talentueux et ambitieux, commença sa carrière dans les journaux. La presse a connu, dans la seconde moitié du XIXe siècle, un essor spectaculaire que l'on pourrait comparer aujourd'hui au succès d'Internet ou de la télévision. On est passé, en quelques décennies, d'une presse élitiste et assez confidentielle à une presse de masse, diversifiée et plus « démocratique ». Le coût des journaux, sous l'impulsion de patrons dynamiques comme Girardin ou Millaud (qui fonde *Le Petit Journal* à un sou en 1863) a baissé sensiblement : il est devenu accessible à un large public. Cette baisse du prix fut favorisée par les perfectionnements spectaculaires des moyens de fabrication (amélioration de l'impression notamment) et d'information (développement du télégraphe, apparition des premières agences de presse). La « Belle Époque » de la presse s'explique aussi par la loi du 29 juillet 1881 qui exclut les délits d'opinion et garantit la liberté de publication pour les journaux. La diffusion de la publicité, les progrès de l'alphabétisation, la modernisation des transports (ferroviaires notamment) favorisent aussi l'essor de la presse. Le journal va devenir un produit de consommation courante. Les progrès sont spectaculaires. En 1803, les quotidiens parisiens vendaient 36 000 exemplaires par jour. En 1880, près de 2 millions de journaux sont distribués. En 1910, près de 5 millions d'exemplaires sont vendus quotidiennement.

Dates clés
1863 :
Millaud fonde *Le Petit Journal.*

juillet 1881 :
loi sur la liberté de la presse.

La « Belle Époque » de Courteline

LES OMBRES DE LA « BELLE ÉPOQUE »

- **L'affaire Dreyfus**

Un puissant courant antisémite

Parmi les grands événements qui marquèrent la fin du XIXe siècle, l'affaire Dreyfus tient une place à part. Autour de cet événement, la classe politique et l'opinion se divisèrent et les affrontements furent vifs : d'un côté le nationalisme et la défense d'une « raison d'État » absolue nourrissent la pensée antidreyfusarde (les partisans d'une condamnation du capitaine Dreyfus) ; de l'autre, une avant-garde intellectuelle au départ, bientôt rejointe par la gauche, pense que les droits de l'homme, la justice, priment sur la raison d'État et que l'innocence de Dreyfus doit être reconnue (ce sont les « dreyfusards »). Mais cette affaire montre surtout une zone obscure de la pensée française : elle est révélatrice d'un antisémitisme qu'on retrouvera au XXe siècle. Comme l'écrit un historien contemporain : « *depuis la fin du XIXe siècle, en France, l'antisémitisme constitue une "arme" politique pour une famille de pensée qui prendra le pouvoir en 1940* » (Laurent Joly, *Vichy dans la « Solution finale »*, Grasset & Fasquelle, 2006).

Date clé
1894 : le capitaine Dreyfus est condamné au bagne à vie grâce à de fausses preuves fabriquées par un officier.

La condamnation de Dreyfus

En décembre 1894, le capitaine Dreyfus est condamné au bagne à vie par un Conseil de guerre pour livraison de documents confidentiels à l'« ennemi » allemand. Son origine juive dans une France qui voit surgir, lors des années 1890, un courant nationaliste volontiers antisémite, explique autant cette condamnation que la ressemblance de son écriture avec celle de l'espion... On expédie donc la procédure judiciaire et l'on

La « Belle Époque » de Courteline

déporte Dreyfus. La protestation de son frère relayée d'abord par un seul journaliste, Bernard Lazare, ne rencontre aucun écho. Le lieutenant-colonel Picquart accède à la tête d'un bureau des Renseignements généraux quelques mois plus tard, et, intrigué, il ouvre à nouveau le dossier. Les documents semblent désigner le véritable coupable : le commandant Esterhazy. Picquart, militaire scrupuleux, alerte la presse (en novembre 1896), mais il est bientôt affecté en Tunisie (en janvier 1897). Il a cependant pu contacter Auguste Scheurer-Kestner, vice-président du Sénat. Ce républicain modéré sera le premier homme politique à intervenir.

Dates clés
novembre 1896 : le commandant Picquart, chef du Bureau des renseignements de l'armée, alerte la presse.

janvier 1898 : le commandant Esterhazy est acquitté. Zola publie *J'accuse* dans le journal *L'Aurore*.

juillet 1898 : procès de Zola et condamnation de l'écrivain.

La défense de Dreyfus

Le chemin jusqu'à la vérité sera cependant encore long. Un tribunal militaire acquitte triomphalement le commandant Esterhazy en janvier 1898. Dès lors, l'opinion se scinde radicalement en deux camps violemment opposés. Émile Zola réagit immédiatement et prend la défense de Dreyfus. Courteline lui écrit aussitôt : « *Où vous allez, je l'ignore. Je sais seulement que depuis trente ans vous n'avez eu tort qu'une fois : le jour où vous avez meurtri, humilié, frappé et piétiné en place publique la pauvre vieillesse de Hugo. Je suis donc avec vous d'instinct, aveuglément, tellement est grande ma confiance en votre lumineux bon sens.* »
Zola publie dans *L'Aurore*, quotidien dirigé par Clemenceau, une lettre ouverte au président de la République intitulée « *J'accuse* ». Il est condamné pour diffamation à un an de prison. Un nouvel épisode renforcera le camp des dreyfusards : un document nouveau accuse Dreyfus. Mais on découvre assez vite qu'il s'agit d'un faux fabriqué par le commandant

La « Belle Époque » de Courteline

Henry qui se suicide lorsque l'on découvre la manœuvre. Cavaignac, le ministre de la Guerre, doit démissionner. En septembre 1899, après la mort du président Félix Faure, le nouveau président, Loubet, signe la grâce de Dreyfus et, le 2 juin 1900, le Sénat vote son amnistie. Il faudra attendre 1906 pour que Dreyfus soit réhabilité et définitivement innocenté.

• Ambitions colonialistes et tensions internationales

De Jules Ferry à Gambetta, de Clemenceau à Poincaré, la composante patriotique est très forte dans le message républicain de la gauche et elle alimente aussi la politique coloniale de la France. En dehors des arguments économiques et stratégiques qui justifient une expansion bénéfique commercialement, la création d'une « France africaine » s'explique aussi par la perte de l'Alsace-Lorraine. Le traité de Francfort (en 1871), qui a attribué ces provinces à l'Allemagne, n'est pas oublié. Tous les gouvernements de la IIIe République sont d'accord pour mettre en œuvre une politique colonialiste ambitieuse, d'inspiration nationaliste, à partir de 1880. Amputée par la guerre de 1870, humiliée et frustrée par cette débâcle militaire, la France veut reconquérir sa grandeur et montrer sa puissance compromise en Europe par la montée en puissance de l'Allemagne (et de l'Angleterre). La colonisation est une compensation.

La politique coloniale française entraînera aussi des tensions croissantes avec l'Allemagne à partir de 1905 (et jusqu'au début de la guerre en 1914) et des rapprochements nouveaux avec l'Angleterre à partir de 1904. L'arrivée au pouvoir d'Édouard VII

Dates clés

août 1898 : suicide du colonel Henry, auteur de fausses pièces d'accusation contre le capitaine Dreyfus.

septembre 1899 : le président Loubet signe la grâce de Dreyfus.

juillet 1906 : réhabilitation officielle de Dreyfus.

La « Belle Époque » de Courteline

en Angleterre permet un resserrement des relations entre les deux pays. En 1904, un accord est signé : la France reconnaît le protectorat de l'Angleterre sur l'Égypte en échange d'une liberté d'action au Maroc. La conférence d'Algésiras (1906) accordera à la France et à l'Espagne, malgré les réticences allemandes, la surveillance des ports marocains.

En quelques décennies, la France a affirmé sa présence ou consolidé sa pénétration en Indochine, à Madagascar, en Tunisie, au Maroc, au Sahara et en Afrique noire. Mais la prépondérance française au Maroc, par exemple, est lourde aussi de menaces pour les relations internationales car l'Allemagne voit d'un mauvais œil l'alliance anglo-française et les prétentions impérialistes de la France.

Vaudeville express et farce moderne

LA COMÉDIE CLASSIQUE

Au XVIIe siècle, la comédie est un genre codifié qui se distingue de la tragédie et de la farce. Les auteurs s'inspirent des principes énoncés depuis l'Antiquité par Aristote qui définissait ainsi le genre comique : « *L'imitation d'hommes de qualité morale inférieure, non en toute espèce de vie, mais dans le domaine du risible, lequel est une partie du laid. Car le risible est un défaut et une laideur sans douleur ni dommage.* » Pour définir la comédie classique, nous retiendrons trois critères.

• Le rang des personnages

Alors que la tragédie classique utilise traditionnellement des personnages ayant un rang social élevé, la comédie emploie des personnages de rang inférieur. La diversité sociologique règne : on rencontre des bourgeois et des membres des classes populaires. Le langage pratiqué dans la comédie peut être plus proche du langage parlé alors que la tragédie utilise souvent une stylisation rhétorique et une langue sophistiquée. La farce, genre comique du Moyen Âge, avait abondamment utilisé un langage franchement grivois et assez cru. La comédie classique s'en distingue en évacuant en général les références trop directes aux réalités du corps et en polissant quelque peu le langage populaire ou argotique.

Vaudeville express et farce moderne

• La nature de l'action

Alors que la mort plane sur l'univers de la tragédie, alors que la violence et le conflit sanglant nourrissent l'action dramatique et sanctionnent bon nombre de dénouements, l'intrigue de la comédie est plus légère : elle a souvent pour enjeu les aléas sentimentaux d'un couple dont les desseins sont entravés. La comédie résout les conflits et conduit en général à un dénouement heureux avec un mariage final qui symbolise la résolution des conflits. Un certain optimisme est lié à la forme de la comédie puisque l'amour triomphe et que les volontés malveillantes qui s'y opposent sont progressivement balayées. L'univers tragique est marqué par une vision plus pessimiste du monde : il n'est pas rare de voir la violence et l'injustice triompher, même si certains dénouements sanctionnent les criminels.

• La finalité du spectacle

Comme l'écrit Aristote, la comédie s'intéresse au *« domaine du risible »*. Si la tragédie doit émouvoir et inquiéter, la comédie doit faire rire et sourire. Depuis l'Antiquité, on assigne à ce rire une fonction critique et morale : le spectacle des ridicules humains doit éviter au spectateur de sombrer dans les mêmes travers. Le rire conduit à une prise de conscience nouvelle des défauts de l'humanité. La comédie « corrige les mœurs par le rire » selon les Latins *(castigat ridendo mores)* et Molière, qui se moque de bon nombre des travers humains, confirme : *« L'emploi de la comédie est de corriger les vices des hommes »* (préface de *Tartuffe*).

Vaudeville express et farce moderne

La situation de la comédie à l'époque de Courteline

Le XIXe siècle est une époque d'intense activité théâtrale et de renouvellement des genres classiques. La comédie devient un genre très varié et très prisé par le public bourgeois qui peuple les théâtres parisiens et provinciaux. Ceux-ci se multiplient à une époque où le cinéma, la télévision et Internet n'existent pas. Les théâtres offrent des formes de divertissement très appréciées par toute une société en mal de distractions.

• *La variété de la « comédie »*

Sous l'influence des romantiques, les limites des genres deviennent beaucoup plus floues dès les années 1830. Avec Alfred de Musset, par exemple, les comédies sentimentales côtoient le drame et la tragédie : la mort devient une des issues possibles de l'amour déçu (*On ne badine pas avec l'amour,* 1834). Une « comédie sérieuse » apparaît dans les années 1850, qui mélange des critères naguère incompatibles et montre la mutation d'un genre assez souple. Comédie parce qu'elle propose un dénouement heureux et utilise des personnages de condition moyenne (la bourgeoisie), la « comédie sérieuse » (parfois appelée « comédie réaliste ») touche au drame parce qu'elle doit émouvoir et faire sourire plus que rire. Elle expose des situations souvent mélodramatiques. Ces pièces très morales, écrites par Émile Augier (*Le Gendre de Monsieur Poirier,* 1854) ou Alexandre Dumas fils (*La Dame aux camélias,* 1852), par exemple, sont considérées comme les héritières de la grande comédie et sont appréciées par l'élite parisienne.

Vaudeville express et farce moderne

Milieu bourgeois, drame intime familial, triomphe de la vertu, réalisme de l'intrigue sont au service d'un « théâtre utile » qui doit rendre l'homme meilleur. « *Toute littérature qui n'a pas en vue la perfectibilité, la moralisation, l'idéal, l'utile en un mot, est une littérature rachitique et malsaine* », écrit Dumas fils en 1868.

- **Le vaudeville triomphant**

À côté de ces comédies « littéraires » ambitieuses qui transgressent les frontières entre la comédie et la tragédie, un genre connaît au XIXe siècle un succès éclatant : la comédie vaudeville. Jusqu'aux années 1860, ce genre mêle dialogue théâtral et couplets chantés sur des mélodies en général connues du public. La comédie et le « tube » ! Le public parisien en redemande. Miroir des modes, des travers et des ridicules de la société, le vaudeville est fort apprécié par la bourgeoisie qui fréquente les théâtres. Les spectateurs peuvent facilement se reconnaître dans ces personnages qui les caricaturent gentiment tout en les entraînant dans des intrigues pleines de péripéties, de quiproquos, de rebondissements, de situations cocasses et risibles. Avec Scribe, puis Labiche, le vaudeville perfectionne ses intrigues, et le souci de la « pièce bien faite » apparaît. Celle-ci doit ménager des surprises, des confusions d'identité (les quiproquos), des rencontres inattendues, autant de carambolages embarrassants mais vraisemblables, des renversements de situation (les coups de théâtre). Labiche, par exemple, élabore un plan serré avant de construire des vaudevilles très structurés qui, sur plusieurs actes le plus souvent, conduisent le spectateur de rires en surprises à un rythme soutenu

Vaudeville express et farce moderne

(*Le Chapeau de paille d'Italie,* 1851, ou *La Cagnotte,* 1864). L'argent, le mariage d'intérêt, la vanité sociale des bons bourgeois, l'héritage et la dot, l'éducation des enfants, l'avarice constituent la matière première des intrigues et des soucis d'une bourgeoisie que ce théâtre divertissant représente.

- **Le « vaudeville d'intrigue » et le « vaudeville express » de Courteline**

Après 1860, le vaudeville change : les couplets chantés disparaissent (ils seront désormais réservés à l'opérette, et Offenbach, par exemple, connaît un grand succès dans ce genre). La forme du vaudeville connaît deux évolutions. Avec Feydeau, par exemple, le contemporain de Courteline, le vaudeville se concentre sur les problèmes du couple avec un sujet principal, l'adultère et les tromperies qu'il entraîne. L'intrigue gagne encore en complexité dans cette forme de comédie qui entrecroise les destins, multiplie les quiproquos et les situations cocasses occasionnées par des rencontres imprévues. Les rentiers, les bourgeois aisés se mêlent aux domestiques et aux femmes légères. Avec Feydeau (jusqu'en 1908), les péripéties s'accumulent, rendant le résumé des pièces difficile : cet engrenage implacable qui conduit des personnages de notables dans des situations souvent inattendues est l'apogée d'une comédie d'intrigue raffinée (*Un fil à la patte,* 1894 ; *La Dame de chez Maxim,* 1899, *La Puce à l'oreille,* 1907). Courteline représente une autre tendance du vaudeville : le vaudeville minimaliste, ou « vaudeville express » ! Chez lui, l'intrigue importe peu et il l'avoue d'ailleurs : « *Un acte, un seul acte, voilà ma mesure au théâtre. Que voulez-vous, je n'ai pas d'imagination [...] On m'a dit souvent qu'il me suffirait d'écrire trois actes séparés, reliés cependant par le fil ténu d'une même intrigue, pour mettre sur pied une pièce en trois actes. Je ne trouve pas ce fil ténu. Mes intrigues s'arrêtent court après un acte.* »

LES COMÉDIES DE COURTELINE

- **Définition du « vaudeville express »**

Se distinguant d'une comédie d'intrigue parfois complexe qui, de Beaumarchais à Feydeau, connut de belles plumes, Courteline resserre son action et aime les scènes de confrontation directe entre deux personnages. Les théâtres parisiens sont friands de ce type de pièces courtes, et les soirées permettent de présenter trois ou quatre textes en général, pour le plus grand bonheur du public. Courteline évacue donc les complications, les quiproquos, les surprises pour proposer un duel cocasse ou comique qui fait sourire et révèle subitement les ridicules humains. Les trois pièces que nous proposons illustrent ce principe. En 1893, au moment où Courteline remportait un premier succès éclatant au théâtre avec un vaudeville formé sur le canevas traditionnel du couple et de l'amant (*Boubouroche*), il déclarait : « *Le vaudeville a sa raison d'être. Il a sa place entre la bouffonnerie et la comédie de mœurs, permettant à la fois l'extravagance de l'une et l'humanité de l'autre. C'est le droit à la fantaisie. [...] Vous ne nous obligerez jamais, nous, Parisiens du XIXe siècle, à ne goûter que l'amertume des choses et à rayer de nos papiers le droit de rire des petites misères qui ne valent pas la peine qu'on en pleure.* » S'il affectionne la forme brève

Vaudeville express et farce moderne

et dense, Courteline aime aussi les variations et ses comédies sont aussi diverses que les théâtres auxquels il les destine.

• L'extravagance bouffonne et l'héritage de la farce

Les Boulingrin s'inscrit clairement, par l'extravagance bouffonne de son dialogue et par le comique de situation dont est victime des Rillettes, dans la tradition de la farce. Même si les personnages appartiennent à un milieu bourgeois, le vaudeville glisse ici vers un comique gestuel qui frise l'absurde et le grotesque. La farce médiévale affectionnait les scènes de ménage et les personnages de trompeurs trompés et ridiculisés (le « pique-assiette », des Rillettes ici). Courteline additionne ces deux ingrédients de la farce classique et pousse la situation jusqu'à ses conséquences ultimes et invraisemblables : tentative de meurtre, incendie, destruction de l'appartement. Le vaudeville devient vaudeville-farce et le sketch de la dispute devient scène de Grand-Guignol. Courteline fournira d'ailleurs, en dehors des *Boulingrin*, d'autres pièces *(Monsieur Badin, Théodore cherche des allumettes, Hortense, couche-toi ! La Lettre chargée...)* au théâtre du Grand-Guignol qui affectionne, dès sa création en 1897, les scènes truculentes, absurdes ou macabres.

• La comédie de mœurs

D'autres pièces de Courteline se moquent des travers de certains milieux qu'il connaît bien et ont une tonalité satirique indéniable : Courteline dénonce par exemple avec efficacité et verve la bêtise et l'absurdité cultivées dans certaines institutions comme l'armée,

Vaudeville express et farce moderne

l'administration, la police ou la justice (*Lidoire*, 1891 ; *Un client sérieux*, 1896 ; *Monsieur Badin*, 1897 ; *Le Commissaire est bon enfant*, 1899 ; *Le Gendarme est sans pitié*, 1899 ; *L'Article 330*, 1900 ; *Les Balances*, 1901). Le vaudeville léger glisse alors vers une comédie de mœurs où le monde contemporain de Courteline retrouve, dans les caricatures comiques proposées par ce miroir théâtral, certains de ses travers. *La Paix chez soi* n'est pas dénuée d'une certaine dérision (d'une authentique autodérision aussi) qui appartient à cette tradition de la comédie de mœurs. En effet, à travers Trielle, Courteline trace un portrait de l'écrivain de feuilleton réduit à une production médiocre par nécessité, condition qu'il connut lui-même au cours de sa carrière journalistique. Le monde de la presse et de l'édition, le public des romans-feuilletons, le labeur du plumitif dessinent l'arrière-plan contemporain de cette scène de ménage.

- **La comédie de caractère**

Traditionnellement, la comédie de caractère est une comédie qui dépeint les ridicules d'un homme incarnant un défaut humain. Molière avait ainsi créé *L'Avare*, *Le Misanthrope* ou *Tartuffe*, autant de portraits des vices humains destinés aussi à la réflexion du public et à son édification morale. Le vaudeville n'affiche pas de telles ambitions, mais la tradition moraliste française resurgit fréquemment dans les portraits de bourgeois ridicules. Labiche, par exemple, excellait à dépeindre des bourgeois incultes ou des rentiers pleins de vanité (voir *Le Voyage de Monsieur Perrichon*, collection « Bibliocollège »). Une saynète de vaudeville comme *La Peur des coups* rappelle cette

Vaudeville express et farce moderne

tradition. Et Courteline avait une vision assez pessimiste de la nature humaine, gagnée facilement, selon lui, par la vanité, la lâcheté et la bêtise. Ces croquis cruels de personnages ridicules ont été appelés par certains critiques des « comédies rosses » ! Toutes les pièces que nous présentons ici pourraient sans doute recevoir ce qualificatif !

Groupement de textes : Scènes de ménage théâtrales

Parce qu'elle est échange cinglant de répliques réglées et lutte pour avoir le dernier mot, parce que le dialogue y devient lieu d'affrontement et surenchère de cruautés, la scène de ménage est éminemment théâtrale. Elle a ainsi inspiré de grands dramaturges, de l'Antiquité au théâtre contemporain, de Plaute à Ionesco. Nous aurions pu compléter notre choix de textes avec de nombreux auteurs comme August Strindberg, Edward Albee, Lars Noren ou des cinéastes comme Ingmar Bergman, Woody Allen, Mike Nichols ou John Cassavetes...Traitée sur un mode comique ou tragique, la scène de ménage révèle parfois les hypocrisies du couple, les mesquineries et les tromperies auxquelles mène un mariage plus ou moins ancien qui ne correspond plus à un sentiment réel (voir les textes de Plaute, Molière ou Feydeau). La dispute peut aussi être un simple jeu dans lequel chacun cherche à piquer l'autre et à éprouver sa passion. Le couple n'a pas encore sombré dans l'indifférence, et la vivacité des répliques traduit alors une vigueur amoureuse bien réelle (voir l'extrait de *commedia dell'arte*). La scène de ménage peut aussi être un moment révélateur où l'échec d'une vie se dit brutalement. Elle devient un échange tragique où l'agressivité, la solitude et l'incommunicabilité essentielle des êtres se dévoilent (voir l'extrait de Ionesco).

Scènes de ménage théâtrales

PLAUTE, CASINE

Plaute (254-184), un des maîtres de la comédie latine, s'inspire de l'auteur grec Diphile dans cette comédie-farce. Lysidame, barbon lubrique et ridicule, souhaite courtiser et entretenir une jeune maîtresse, Casine, qui est aussi sa servante. Il a prévu de la donner en mariage à un serviteur complice, Olympion. Mais sa femme, Cléostrate, n'est pas dupe et elle lui prépare un petit piège. La scène de ménage dévoile ici la duplicité de Lysidame et la lucidité de son épouse...

> LYSIDAME. – À mesure que je m'éprends davantage de Casine, *(j'ai meilleure mine)*, je dépasse chaque jour en élégances l'Élégance elle-même. Je mets sur les dents tous les parfumeurs ; pour plaire à ma belle je me fais asperger des odeurs les plus fines ; et je lui plais, si je ne me trompe. Mais ma femme me désole, elle ne veut pas mourir. *(Apercevant Cléostrate).* La voici justement qui monte la garde : a-t-elle l'air maussade ! Dire qu'il me faut jouer la tendresse avec cette mauvaise gale. *(Haut, à Cléostrate).* Ma petite femme, mon cher amour, comment vas-tu ?
> CLÉOSTRATE *(brusquement).* – Va-t-en, et bas les mains.
> LYSIDAME. – Holà ! ma Junon, il ne faut pas être si maussade avec ton Jupiter. Pourquoi t'en vas-tu ?
> CLÉOSTRATE. – Laisse-moi.
> LYSIDAME. – Reste.
> CLÉOSTRATE. – Non.
> LYSIDAME. – Hé bien, morbleu ! je te suivrai.
> CLÉOSTRATE. – Es-tu fou, dis-moi ?
> LYSIDAME. – Non pas. Que je t'aime !
> CLÉOSTRATE. – Je ne veux pas de ton amour.
> LYSIDAME. – Tu ne peux pas l'empêcher.
> CLÉOSTRATE. – Tu me fais mourir.
> LYSIDAME *(bas, mais pas assez pour ne pas être entendu).* – Si tu pouvais dire vrai !
> CLÉOSTRATE. – Cette fois, je te crois sans peine.
> LYSIDAME. – Tourne-toi de mon côté, ô charme de mes jours !

Groupement de textes

CLÉOSTRATE. — Oui, comme tu es le charme des miens. Dis-moi, s'il te plaît, d'où vient cette odeur de parfums ?

LYSIDAME *(à part)*. — Aïe ! je suis mort. Misère de moi, me voilà pris sur le fait. Vite que je m'essuie la tête avec mon manteau. Que le bon Mercure te confonde, maudit parfumeur, pour m'avoir vendu ces parfums ! *(Il fait mine de s'éloigner)*.

CLÉOSTRATE *(le suivant)*. — Holà, vieux vaurien, moustique à tête blanche ! Je ne sais ce qui me retient de te dire tout ce que tu mérites. À ton âge, courir les rues, tout plein de parfums, mauvais sujet !

LYSIDAME. — Je te jure que c'est en assistant un ami qui achetait des parfums.

CLÉOSTRATE. — Comme il a su vite trouver une excuse ! Tu n'as pas honte ?

LYSIDAME *(d'un air piteux)*. — Tout ce que tu voudras.

CLÉOSTRATE. — Dans quels bouges t'es-tu vautré ?

LYSIDAME. — Dans quels bouges, moi ?

CLÉOSTRATE. — J'en sais plus que tu ne penses.

LYSIDAME. — Que veux-tu dire ? qu'est-ce que tu sais ?

CLÉOSTRATE *(de plus en plus aggressive)*. — Je sais que de tous les vieillards il n'en est pas un qui soit plus débauché que toi dans ta vieillesse. D'où viens-tu, vaurien ? où as-tu été ? où t'es-tu vautré ? où as-tu bu ? Tu es ivre, ma parole ! Voyez son manteau, comme il est fripé !

> Plaute, *Casina*, scène III, texte établi et traduit par Alfred Ernoud,
> © Les Belles Lettres, 1964.

COMMEDIA DELL'ARTE, « DIALOGUE DE MÉPRIS ET DE PAIX »

La *commedia dell'arte*, apparue en Italie au XVIe siècle, est un théâtre comique, sentimental et burlesque qui emploie des personnages types (dont une partie joue avec des masques) et exploite des situations traditionnelles de la comédie. La scène de ménage de ce duo d'amoureux est un duel où dominent le tac au tac

Scènes de ménage théâtrales

et la repartie cinglante. Mais la colère est l'envers d'une passion amoureuse toujours vivace et la réconciliation n'est pas loin...

Lui :
Éloigne-toi.
Elle :
Disparais.
Lui :
de mes yeux,
Elle :
loin de ma présence,
Lui :
Furie au visage céleste !
Elle :
Démon à masque d'amour !
Lui :
Que je maudis.
Elle :
Que je déteste !
Lui :
Le jour où je t'admirai !
Elle :
L'instant où je t'adorai !
Lui :
Tu as le courage
Elle :
Tu as l'audace
Lui :
de me regarder !
Elle :
de te tenir en ma présence !
Lui :
Ne songes-tu pas
Elle :
Ne penses-tu pas
Lui :
à tes fautes,
Elle :
à tes scélératesses,

Groupement de textes

Lui :
au point de croire
Elle :
au point de t'imaginer
Lui :
que je m'arrête pour te regarder ?
Elle :
que je m'apprête pour te contempler avec amour ?
Lui :
Je ne puis nier que tu ne sois belle,
Elle :
J'avoue trop que tu es plein de charme,
Lui :
mais que vaut la beauté
Elle :
à quoi sert la grâce
Lui :
si le mensonge la défigure ?
Elle :
si la tromperie l'accompagne ?
Lui :
Je ne m'imaginais pas
Elle :
Je n'aurais pu me persuader
Lui :
que le Ciel pût être l'Enfer !
Elle :
que Cupidon pût être Lucifer !
Lui :
Et pourtant j'en ai fait l'expérience.
Elle :
Et cependant je l'ai découvert.
Lui :
Allons ! disparais !
Elle :
Débarrasse-moi de ta présence !
Lui :
Je ne veux pas !

ELLE :
Je ne peux pas !
LUI :
Je ne sais ce qui me retient !
ELLE :
Une force inconnue m'arrête !
LUI :
Mais, vois-tu, ce n'est pas de l'amour.
ELLE :
Sois sûr que ce n'est pas de l'affection.
LUI :
Et qu'est-ce qui t'arrête ?
ELLE :
Et qu'est-ce qui te retient ?
LUI :
Je ne veux pas t'accorder la satisfaction
ELLE :
Je ne te ferai pas le plaisir
LUI :
de te dire
ELLE :
de t'avouer
LUI :
que je t'aime encore.
ELLE :
que je ne peux t'oublier.

« Dialogue de mépris et de paix », *Commedia dell'arte*,
revue *Bouffonneries*, n° 3, 1981, D.R.

MOLIÈRE, *LE MÉDECIN MALGRÉ LUI*

Molière s'inspire d'un fabliau du Moyen Âge intitulé *Le Vilain Mire* (c'est-à-dire « le paysan médecin ») pour cette farce comique de 1666 qui connaîtra un véritable triomphe.
La scène de ménage qui ouvre la pièce met en évidence la fatuité de Sganarelle et la lassitude de son épouse...

Groupement de textes

Acte premier
SCÈNE 1. S<small>GANARELLE</small>, M<small>ARTINE</small>, paraissant sur le théâtre en se querellant.

S<small>GANARELLE</small>. – Non, je te dis que je n'en veux rien faire, et que c'est à moi de parler et d'être le maître.

M<small>ARTINE</small>. – Et je te dis, moi, que je veux que tu vives à ma fantaisie, et que je ne me suis point mariée avec toi pour souffrir tes fredaines.

S<small>GANARELLE</small>. – Ô la grande fatigue que d'avoir une femme ! et qu'Aristote a bien raison, quand il dit qu'une femme est pire qu'un démon !

M<small>ARTINE</small>. – Voyez un peu l'habile homme, avec son benêt d'Aristote !

S<small>GANARELLE</small>. – Oui, habile homme : trouve-moi un faiseur de fagots qui sache, comme moi, raisonner des choses, qui ait servi six ans un fameux médecin, et qui ait su, dans son jeune âge, son rudiment par cœur.

M<small>ARTINE</small>. – Peste du fou fieffé !

S<small>GANARELLE</small>. – Peste de la carogne !

M<small>ARTINE</small>. – Que maudit soit l'heure et le jour où je m'avisai d'aller dire oui !

S<small>GANARELLE</small>. – Que maudit soit le bec cornu de notaire qui me fit signer ma ruine !

M<small>ARTINE</small>. – C'est bien à toi, vraiment, à te plaindre de cette affaire. Devrais-tu être un seul moment sans rendre grâce au Ciel de m'avoir pour ta femme ? et méritais-tu d'épouser une personne comme moi ?

S<small>GANARELLE</small>. – Il est vrai que tu me fis trop d'honneur, et que j'eus lieu de me louer la première nuit de nos noces ! Hé ! morbleu ! ne me fais point parler là-dessus : je dirais de certaines choses...

M<small>ARTINE</small>. – Quoi ? que dirais-tu ?

S<small>GANARELLE</small>. – Baste, laissons là ce chapitre. Il suffit que nous savons ce que nous savons, et que tu fus bien heureuse de me trouver.

M<small>ARTINE</small>. – Qu'appelles-tu bien heureuse de te trouver ? Un homme qui me réduit à l'hôpital, un débauché, un traître, qui me mange tout ce que j'ai ?

S<small>GANARELLE</small>. – Tu as menti : j'en bois une partie.

MARTINE. – Qui me vend, pièce à pièce, tout ce qui est dans le logis.
SGANARELLE. – C'est vivre de ménage.
MARTINE. – Qui m'a ôté jusqu'au lit que j'avais.
SGANARELLE. – Tu t'en lèveras plus matin.
MARTINE. – Enfin qui ne laisse aucun meuble dans toute la maison.
SGANARELLE. – On en déménage plus aisément.
MARTINE. – Et qui, du matin jusqu'au soir, ne fait que jouer et que boire.

Molière, *Le Médecin malgré lui*, 1866.

GEORGES FEYDEAU, *FEU LA MÈRE DE MADAME*

Connu pour ses vaudevilles sophistiqués et ses intrigues élaborées, Georges Feydeau écrivit aussi, à partir de 1908, une série de cinq comédies en un acte regroupées sous un titre générique révélateur : *Du mariage au divorce*. *Feu la mère de Madame* est la première de ces pièces. Dans ces comédies amères, les couples se déchirent et l'ironie devient mordante. Les disputes révèlent alors l'étendue des amertumes et des déceptions engendrées par la vie commune.

YVONNE, *revenant à la charge*. – Non ! penser qu'on n'est marié que depuis deux ans et que monsieur lâche déjà sa femme pour aller au bal des Quat'-Z'arts !
LUCIEN, *obsédé*. – Écoute, je t'en prie… je suis fatigué, tu me feras une scène demain.
YVONNE. – Oh !… je ne te fais pas de scène ! je constate.
LUCIEN, *descendant un peu en scène*. – Si tu ne comprends pas qu'un homme a besoin, pour ne pas s'encroûter, de tout voir, de tout connaître… pour former son esprit !…
YVONNE, *avec un profond dédain*. – Oh ! non !… non ! Écoutez-moi ça ! T'es caissier aux Galeries Lafayette ; c'est ça qui peut te servir pour ta profession, de connaître le bal des Quat'-Z'arts !
LUCIEN, *piqué*. – Je ne suis pas que caissier ! Je suis peintre.

Groupement de textes

YVONNE, *haussant les épaules*. – T'es peintre ! Tu barbouilles.
LUCIEN, *vexé*. – Je barbouille !
YVONNE. – Absolument ! Tant qu'on ne vend pas, on barbouille. Est-ce que tu vends ?
LUCIEN. – Non, je ne vends pas ! Évidemment, je ne vends pas ! La belle malice ! Je ne vends pas... parce qu'on ne m'achète pas !... Sans ça !...
YVONNE. – T'as jamais bien peint qu'une chose !
LUCIEN, *heureux de cette concession*. – Ah !
YVONNE. – Ma baignoire... au ripolin.
LUCIEN, *vexé, gagnant vers la cheminée*. – Oh ! c'est drôle ! Oh ! c'est spirituel. Va, marche ! *(Revenant vers le lit :)* N'empêche que je suis plus artiste que tu ne crois ! Aussi, comme artiste, est-il tout naturel que j'aille chercher des sensations d'art.
YVONNE. – Allons ! allons ! dis que tu vas chercher des sensations, un point, c'est tout ! Mais ne parle pas d'art !
LUCIEN, *renonçant à discuter*. – Ah ! tiens, tu me cours !
Il gagne jusqu'à la cheminée et se met en posture de retirer son jabot devant la glace.
YVONNE, *rejetant ses couvertures*. – Non... mais... *(Elle saute à bas du lit et, pieds nus, court à* LUCIEN *; puis, après l'avoir fait pivoter face à elle.)* Non mais cite m'en une, si je te cours ; cite m'en donc une, de tes sensations d'art !
LUCIEN. – Mais absolument.
YVONNE, *d'un ton coupant*. – C'est pas une réponse ! Cite m'en une !
Elle redescend en scène.
LUCIEN, *descendant à sa suite*. – Je n'ai que le choix... Tiens, par exemple, quand on a fait l'entrée d'Amphitrite. *(La toisant et avec un sourire un peu dédaigneux :)* Tu ne sais peut-être pas seulement ce que c'est que l'Amphitrite ?
YVONNE. – Oh ! n'est-ce pas ? Je ne sais pas ce que c'est !... C'est une maladie du ventre !

Georges Feydeau, *Feu la mère de Madame*, 1908.

Scènes de ménage théâtrales

Alfred Jarry, *Ubu Roi*

Jouée pour la première fois en 1896, *Ubu Roi* parodie Shakespeare (*Macbeth* en particulier) et nous montre un tyran sanguinaire et grotesque, avide de pouvoir et de meurtres. La pièce s'ouvre sur une querelle de ménage déjà entamée au moment où le rideau se lève. L'agressivité sadique semble dominer les relations entre un père Ubu dérisoire et une mère Ubu qui fomente un complot politique où la passion destructrice pourra aussi s'épancher...

Acte premier

SCÈNE 1. PÈRE UBU, MÈRE UBU.

PÈRE UBU. Merdre !

MÈRE UBU. Oh ! voilà du joli, Père Ubu, vous estes un fort grand voyou.

PÈRE UBU. Que ne vous assom'je, Mère Ubu !

MÈRE UBU. Ce n'est pas moi, Père Ubu, c'est un autre qu'il faudrait assassiner.

PÈRE UBU. De par ma chandelle verte, je ne comprends pas.

MÈRE UBU. Comment, Père Ubu, vous estes content de votre sort ?

PÈRE UBU. De par ma chandelle verte, merdre, madame, certes oui, je suis content. On le serait à moins : capitaine de dragons, officier de confiance du roi Venceslas, décoré de l'ordre de l'Aigle rouge de Pologne et ancien roi d'Aragon, que voulez-vous de mieux ?

MÈRE UBU. Comment ! Après avoir été roi d'Aragon vous vous contentez de mener aux revues une cinquantaine d'estafiers armés de coupe-choux, quand vous pourriez faire succéder sur votre fiole la couronne de Pologne à celle d'Aragon ?

PÈRE UBU. Ah ! Mère Ubu, je ne comprends rien de ce que tu dis.

MÈRE UBU. Tu es si bête !

PÈRE UBU. De par ma chandelle verte, le roi Venceslas est encore bien vivant ; et même en admettant qu'il meure, n'a-t-il pas des légions d'enfants ?

Groupement de textes

> MÈRE UBU. Qui t'empêche de massacrer toute la famille et de te mettre à leur place ?
> PÈRE UBU. Ah ! Mère Ubu, vous me faites injure et vous allez passer tout à l'heure par la casserole.
> MÈRE UBU. Eh ! pauvre malheureux, si je passais par la casserole, qui te raccommoderait tes fonds de culotte ?
>
> Alfred Jarry, *Ubu Roi*, écrit en 1888, créé en 1896.

EUGÈNE IONESCO, *DÉLIRE À DEUX*

Dans cette pièce créée en 1962, Eugène Ionesco expose une conception pessimiste du couple : la vie à deux devient un enfer dès que l'éphémère passion amoureuse s'éteint. Dès lors, tout devient prétexte à des disputes qui révèlent les déceptions et les frustrations de la vie à deux. Chacun, comme le montre ce passage, veut et croit avoir raison, même si le motif de la querelle semble futile.

> ELLE : La vie que tu m'avais promise ! Celle que tu me fais ! J'ai quitté un mari pour suivre un amant. Le romantisme ! Le mari valait dix fois mieux, séducteur ! Il ne me contredisait pas, lui, bêtement.
> LUI : Je ne te contredis pas exprès. Quand tu dis des choses qui ne sont pas vraies, je ne peux pas accepter. J'ai la passion de la vérité.
> ELLE : Quelle vérité ? Puisque je te dis qu'il n'y a pas de différence. C'est ça la vérité. Il n'y en a pas. Le limaçon, la tortue, c'est la même chose.
> LUI : Pas du tout. C'est pas du tout le même animal.
> ELLE : Animal toi-même. Idiot.
> LUI : C'est toi qui es idiote.
> ELLE : Tu m'insultes, imbécile, dégoûtant, séducteur.
> LUI : Mais écoute au moins, écoute donc.
> ELLE : Que veux-tu que j'écoute ? Depuis dix-sept ans, je t'écoute. Dix-sept ans que tu m'as arrachée à mon mari, à mon foyer.
> LUI : Mais cela n'a rien à voir avec la question.

Scènes de ménage théâtrales

Elle : Quelle question ?
Lui : La question dont nous discutons.
Elle : C'est fini. Il n'y a plus de question. Le limaçon et la tortue, c'est la même bête.
Lui : Non, ce n'est pas la même bête.
Elle : Si, c'est la même.
Lui : Mais tout le monde te le dira.
Elle : Quel monde ? La tortue n'a-t-elle pas une carapace ? Réponds.
Lui : Et alors ?
Elle : Le limaçon n'en a-t-il pas une ?
Lui : Si. Et alors ?
Elle : Le limaçon ou la tortue ne s'enferment-ils pas dans leur carapace ?
Lui : Si. Et alors ?
Elle : La tortue, ou limaçon, n'est-il pas un animal lent, baveux, ayant le corps court ? N'est-il pas une sorte de petit reptile ?
Lui : Oui. Et alors ?
Elle : Alors, tu vois, je prouve, moi. Ne dit-on pas lent comme une tortue et lent comme un limaçon ? Et le limaçon, c'est-à-dire la tortue, ne rampe-t-elle pas ?
Lui : Pas exactement.
Elle : Pas exactement quoi ? Tu veux dire que le limaçon ne rampe pas ?
Lui : Si.
Elle : Alors, tu vois bien, c'est la même chose que la tortue.
Lui : Mais non.
Elle : Entêté, limace ! Explique pourquoi.
Lui : Parce que.
Elle : La tortue, c'est-à-dire le limaçon, se promène avec sa maison sur le dos. Qu'il a construite lui-même, d'où le mot de limaçon.
Lui : La limace est apparentée au limaçon. C'est un limaçon sans maison. Tandis que la tortue n'a rien à voir avec la limace. Ah ! tu vois, tu vois que tu n'as pas raison.

Eugène Ionesco, *Délire à deux*, collection « La Pléiade »,
© Éditions Gallimard, 1991.

Bibliographie et filmographie

AUTRES PIÈCES DE COURTELINE

– Georges Courteline, *La Paix chez soi et autres pièces*, collection « Petits Classiques », Larousse, 2006.
– Georges Courteline, *Théâtre*, Garnier Flammarion, 2000.
– Georges Courteline, *Théâtre à lire, théâtre à jouer*, collection « Medium », L'École des Loisirs, 2001.
– Georges Courteline, *Vaudeville et comédie*, collection « Classiques », Hatier, 2006.

PIÈCES DE FEYDEAU, JARRY, LABICHE ET MUSSET

(disponibles en collections de poche)

– Georges Feydeau, *Le Dindon*, collection « Folio », Gallimard, 2001.
– Georges Feydeau, *Dormez, je le veux !* collection « Classiques et Contemporains », Magnard, 2007.
– Georges Feydeau, *Feu la mère de Madame*, collection « La Bibliothèque Gallimard », Gallimard, 2000.
– Georges Feydeau, *Occupe-toi d'Amélie*, collection « Classiques d'aujourd'hui », Le Livre de poche, 1995.
– Georges Feydeau, *On purge Bébé*, collection « Classiques », Hatier, 2005.
– Georges Feydeau, *Par la fenêtre et autres pièces*, collection « Petits Classiques », Larousse, 2006.
– Alfred Jarry, *Ubu Roi*, collection « Bibliocollège », Hachette Livre, 2005.
– Eugène Labiche, *L'Affaire de la rue de Lourcine*, collection « Folio Plus Classiques », Gallimard, 2007.

Bibliographie et filmographie

– Eugène Labiche, *Brûlons Voltaire ! et autres pièces en un acte*, collection « Folio Théâtre », Gallimard, 1995.
– Eugène Labiche, *La Cagnotte*, collection « Classiques d'aujourd'hui », Le Livre de poche, 1994.
– Eugène Labiche, *Un chapeau de paille d'Italie*, collection « La Bibliothèque Gallimard », Gallimard, 1999.
– Eugène Labiche, *Les Deux Timides*, La Librairie théâtrale, 2007.
– Eugène Labiche, *La Grammaire*, collection « Classiques », Hatier, 2004.
– Eugène Labiche, *Le Voyage de Monsieur Perrichon*, collection « Bibliocollège », Hachette Livre, 2004.
– Alfred de Musset, *Les Caprices de Marianne*, collection « Petits Classiques », Larousse, 2006.
– Alfred de Musset, *Fantasio*, collection « Petits Classiques », Larousse, 2005.
– Alfred de Musset, *Il ne faut jurer de rien*, collection « Classiques », Bordas, 2004.
– Alfred de Musset, *Il faut qu'une porte soit ouverte ou fermée*, collection « Étonnants Classiques », Flammarion, 2002.
– Alfred de Musset, *On ne badine pas avec l'amour*, Presse Pocket, 2005.

COURTELINE EN DVD

– *Courteline au travail* et *Boubouroche*, pièces de Sacha Guitry et de Georges Courteline, avec Gérard Caillaud et Danièle Évenou, collection « Au théâtre ce soir », LCJ Éditions, 2006.
– *La Cruche*, avec Katia Tchenko et Robert Manuel, collection « Au théâtre ce soir », LCJ Éditions, 2005.

Bibliographie et filmographie

– *Le Médecin malgré lui* (Molière), *Les Boulingrin, Lidoire* (deux pièces de Courteline), avec Jean Richard, AB Vidéo, 2004.
– Signalons un film d'André Berthomieu intitulé *Scènes de ménage* (1954), qui est une adaptation des trois pièces que nous proposons *(Les Boulingrin, La Paix chez soi* et *La Peur des coups)*, avec Sophie Desmarets, Bernard Blier, François Périer, Marthe Mercadier, Louis de Funès, etc.

Imprimé en Italie par «La Tipografica Varese Srl»
Dépôt légal : Mars 2015 - Edition 04
16/9734/1

LA DÉROUTE DES SEXES

Du même auteur

AUX MÊMES ÉDITIONS

Une enfance à l'eau bénite
roman, 1985
coll. « Points Roman », 1990

Tremblement de cœur
roman, 1990
coll. « Points Roman », 1992

CHEZ D'AUTRES ÉDITEURS

La Voix de la France
essai
Robert Laffont, 1975

Le Mal de l'âme
(en collaboration avec Claude Saint-Laurent)
essai
Robert Laffont, 1989

DENISE BOMBARDIER

LA DÉROUTE
DES SEXES

ÉDITIONS DU SEUIL
27, rue Jacob, Paris VIe

ISBN 2-02-012979-5

© ÉDITIONS DU SEUIL, MAI 1993

Le Code de la propriété intellectuelle interdit les copies ou reproductions destinées à une utilisation collective. Toute représentation ou reproduction intégrale ou partielle faite par quelque procédé que ce soit, sans le consentement de l'auteur ou de ses ayants cause, est illicite et constitue une contrefaçon sanctionnée par les articles 425 et suivants du Code pénal.

Je tiens à remercier Louisiane Gauthier qui a éclairé de sa compétence en psychologie et de son intuition créatrice ma réflexion sur ce thème éternel des relations homme-femme.

J'appartiens à une génération comblée, celle de la pilule et du féminisme. J'ai planifié la naissance de mon fils et, au travail, j'ai mis le pied dans les portes qui s'entrouvraient. Il fallait seulement être combative, tenace, et se blinder contre les attitudes bêtes et méchantes. « Vous êtes beaucoup trop intelligente pour être séduisante », m'a dit un jour un ministre québécois après trois whiskies dans le nez. Je me suis bien gardée de lui faire remarquer que lui ne l'était pas assez pour me séduire. « Lorsque votre journaliste arrivera, faites-le-moi savoir », a laissé tomber en tournant les talons un homme politique français, me confondant, sur un tournage, avec la scripte. Parfois, la situation fut plus corsée : une nuit, un diplomate du Moyen-Orient, me raccompagnant chez moi après un dîner hautement intellectuel chez des amis parisiens, tenta carrément de me sauter dessus. Mais, somme toute, les inconvénients rattachés à mon sexe étaient largement compensés par l'exaltation d'accéder à des fonctions jusque-là réservées aux hommes. Je rompais avec la loi de la mère, mes rêves et mes désirs ne pourraient être freinés. Je voulais tout : amour, carrière, enfant, et j'espérais aussi ouvrir la voie aux générations suivantes.

J'ai eu tout cela : l'amour, avec la douleur qui l'accompagne ; l'enfant, mais tard et unique parce que je fus incapable d'envisager d'en faire un second en menant de front ma carrière. Je regarde les jeunes femmes d'aujourd'hui, celles qui me suivent, et je ne souhaite pas être à leur place. Je les observe le soir, les sacs de nourriture dans une main, l'enfant accroché à l'autre, les traits tirés, exténuées par une journée de travail et la perspective d'en commencer une autre : repas, devoirs et leçons, bain, histoires à raconter. Oh, le mari est là, la plupart du temps ! Plus présent qu'autrefois à ces tâches, mais moins qu'on ne le dit et encore moins que les femmes ne l'espèrent. Parfois, il est absent, et il arrive de plus en plus qu'il n'y ait plus de mari – on les appelle, ces femmes, quel terme barbare, les « monoparentales ».

Cette vie correspond-elle bien au grand rêve d'égalité et de justice prôné par le féminisme ? Les hommes doivent changer, affirme-t-on, les pères devenir plus présents pour le mieux-être des enfants. Et l'absence des mères alors, peut-on en parler librement ? Ne faut-il pas s'interroger également sur les conséquences des nouvelles relations hommes-femmes dans la vie amoureuse ?

Oui, je suis une privilégiée. Benoîte Groult a souvent parlé du bonheur des hommes d'avoir une femme à la maison. J'en suis consciente, moi qui en ai deux. Pour s'occuper du ménage, préparer les repas afin que la porte soit toujours ouverte aux amis trop fatigués par la « double tâche » et qui n'ont pas les moyens d'aller au restaurant. Je suis une superwoman, sans doute ; mais, à l'opposé des femmes plus jeunes que moi, je me suis toujours sentie incapable de tout assumer moi-même. Je voulais que la maison soit ouverte, accueillante comme du temps de nos mères, que mon fils, petit, soit gardé au foyer comme je l'avais été moi-même. Or, mon mari, qui par ailleurs se révélait un excellent père, était au travail, cela va de soi. Le problème, c'est que je voulais y être aussi. Une seule solution : payer pour me faire remplacer. Il est bien connu que la femme paie de sa poche pour travailler à l'extérieur.

Rétrospectivement, j'en viens à accepter comme légitime le désir des hommes, rentrant fourbus en fin de journée, de se retrouver les pieds dans leurs pantoufles devant un dîner préparé autour d'une conversation reposante. Les nouvelles femmes d'aujourd'hui ne souhaiteraient-elles pas la même chose ? Pourtant...

Les femmes de l'après-féminisme accèdent à plus d'égalité. Elles sont plus libérées et plus autonomes. Sont-elles plus heureuses ? Car enfin, il faudra bien se résoudre à poser le problème en ces termes. Peuvent-elles rendre les hommes responsables de leurs malheurs, eux qui n'ont ni imaginé ni souhaité les changements dont elles ont dû être les initiatrices ? Est-ce juste et surtout honnête d'affirmer que désormais la balle est dans leur camp ?

Beaucoup d'hommes, mais aussi beaucoup de femmes, sont en désarroi. Non sans raisons. J'ai choisi d'essayer de les comprendre en sachant que le courage n'est pas de dire la vérité, mais toute la vérité. Et peu me chaut que d'aucuns détournent à leur profit mes propos. Je m'accorde aussi ce privilège.

1

La longue plainte des femmes en mal d'amour

Les hommes sont au centre du discours des femmes : de celles qui les aiment, les craignent, les envient, comme de celles qui les méprisent ou les haïssent. Peu importe leur âge, en amour ou en désamour, les femmes expriment leur déception : les hommes ne les aiment jamais comme elles en rêvent, et, s'il y a rupture, ils choisissent inévitablement, croient-elles, le scénario qui leur est le plus défavorable. Elles ne doutent pas qu'*elles* savent les aimer et que les hommes, eux, les aiment mal, toujours en deçà de leurs espérances.

Les femmes aiment l'amour, son déploiement, ses rites, sa liturgie et ses dogmes. Dès l'éveil amoureux, les filles découvrent que le garçon est différent à cet égard. Qu'il se refuse à parler constamment de l'amour, à l'analyser surtout, alors qu'elles-mêmes peuvent dire, redire, radoter sans fin autour de ce thème. « M'aimes-tu ? », demandons-nous depuis des siècles. « Si je ne t'aimais pas, je ne serais pas avec toi », s'entend-on répondre depuis que l'on pose la question.

Toutes les femmes, qu'elles soient sentimentales, terre à terre ou sensuelles, partagent la même désillusion. Les hommes, aussi parfaits soient-ils, ne sont jamais à la hauteur de leurs expectatives. Car les femmes souhaitent non seulement être aimées, mais elles s'attendent à être comprises par les hommes de la façon dont leurs amies les comprennent. Elles s'imaginent qu'ils doivent combler toutes leurs attentes dans une espèce d'autarcie sentimentale. Ce rêve impossible explique à la fois leurs frustrations et le désarroi de leurs partenaires.

Si le mythe de Pygmalion persiste, si des hommes sont toujours à la recherche de la jeune gourde qui se métamorphosera sous l'effet conjugué de leur habileté sexuelle et intellectuelle, la plupart, au contraire, aiment les femmes pour ce qu'elles sont, sans cette volonté de les changer, sans exiger surtout qu'elles satisfassent l'ensemble de leurs besoins. Beaucoup de femmes, au contraire, voudraient l'homme à leur image : qu'il vibre comme elles, qu'il exprime son émotion à leur façon, qu'il se complaise comme elles à disserter sur l'état amoureux et, depuis peu, qu'il ressente devant l'enfant à naître les mêmes émotions que la mère qui le porte. A tout âge, désormais, elles ont des exigences nouvelles, car le combat pour l'égalité des sexes, loin de réduire leurs attentes, les a plutôt exacerbées. La longue plainte des femmes amoureuses débute à l'adolescence pour ne plus s'arrêter.

Les jeunes filles en fleurs rêvent toujours au prince charmant. Elles vivent leurs premiers émois envahies d'émotions paralysantes et de fous rires incontrôlables, comme au bon vieux temps de leurs mères. Sauf qu'à l'inverse de ces dernières, elles ne se résolvent pas à attendre béatement que l'élu de leur cœur se manifeste. « Tu m'accompagnes à la danse vendredi soir ? », demandera en feignant le détachement l'adolescente à qui ses amies auront forcé la main à cause de son manque d'audace. Car, de nos jours, les jeunes filles font leurs premiers pas amoureux assurées d'une solidarité féminine plus forte que jamais. Parfois, cette solidarité s'exprime de façon inattendue : « Au début de l'année, nous nous sommes réunies, mes copines et moi, et nous avons dressé la liste des garçons de notre classe qui nous intéressaient. Après, chacune a choisi celui qu'elle tenterait de séduire. De cette façon, on ne marche pas sur les plates-bandes de l'autre. Nous sommes amies depuis l'enfance et nous voulons le rester. Pas question qu'un garçon nous divise », raconte Mélanie, quatorze ans, le chef naturel de ces filles dont la beauté et l'assurance n'ont d'égal que la détermination et l'ambition. Survient la peine d'amour, et voilà le clan entourant l'éplorée, cherchant à trouver la faille chez le garçon, cette incapacité rattachée à son sexe et qui l'a amené à rompre.

Si les jeunes filles pratiquent encore le *mea culpa*, elles ont moins tendance à s'accuser de toutes les erreurs amoureuses et ne se sentent pas seules responsables de la rupture qu'elles subissent. Les jeunes, en train de perdre la mémoire, ne distinguent guère le XIVe siècle du XVIIIe, ignorent l'existence de Charlemagne, Champlain, Jefferson ou Churchill. Mais les filles se promènent désormais avec un nouveau manuel sous le bras, l'histoire de la domination machiste à laquelle elles se réfèrent volontiers pour décoder les comportements amoureux des gamins de leur âge. L'utilité de cet éclairage historique n'est pas négligeable, on en conviendra, mais à la condition d'inclure le comportement de la fille dans la dynamique de l'échec du flirt.

Lorsqu'elles prennent l'initiative de la rupture, les filles cherchent peu à connaître la peine de l'autre, concentrées qu'elles sont à analyser leur déconvenue. Avec des amies, cela va sans dire. Car les femmes, à tout âge, vivent leur vie amoureuse entourées d'amies. La vie d'un couple, c'est toujours l'histoire de plusieurs femmes et d'un homme : la femme qu'il aime et celles qu'elle affectionne. Chacune conseille l'amoureuse selon ses espoirs et ses déceptions, vit par procuration une aventure supplémentaire, confond ses émois anciens et, en cas de rupture, sa peine passée avec ceux de la soupirante du moment. L'homme serait bien étonné et souvent estomaqué de se savoir décrit, analysé, disséqué, évalué par plusieurs femmes qui, d'une certaine manière, se le partagent alors qu'il a la conviction absolue d'une relation exclusive, secrète et unique avec celle qu'il a choisie.

Il serait erroné de croire que ces gamines plus affirmées que celles des générations précédentes craignent moins le rejet ou sont plus armées contre les peines d'amour. Elles versent autant de larmes que leurs mères, elles souffrent de la même manière, simplement elles sont moins désillusionnées. Témoins et souvent victimes de l'échec du couple, quand elles rêvent à leur tour à « l'amour toujours » la réalité brutale les ramène constamment à l'expérience de leurs parents et de leurs amis. Comme si elles se préparaient confusément à cette même débâcle qui risque de les atteindre plus tard dans leur vie.

Les toutes jeunes filles ont souvent l'insolence à fleur de peau. Convaincues que le féminisme, la vieille toquade de leurs mères, est du passé et dépassé, elles ne mettent aucun frein à leurs ambitions. Mais elles découvrent très tôt que leur force de caractère pose problème aux garçons : « Avoir la réputation d'être féministe fait fuir les soupirants », répètent en chœur les Américaines de la guerre des sexes, les Québécoises du matriarcat psychologique, les Françaises du féminisme en douce et les Italiennes du machisme séducteur. Cette peur qu'elles suscitent est au centre de leurs conversations et le défi se pose à elles d'apprivoiser les garçons tout en ne cédant rien de leurs aspirations.

Au sortir de l'adolescence, la majorité des filles abordent leur vie avec la volonté de tout concilier : amour, travail, famille. Il s'en trouve bien, à cet âge, pour faire primer les études ou le travail sur l'amour ou même l'amitié, mais ces jeunes filles sont l'exception et souvent la caution d'un certain féminisme radical. C'est donc dire que la vie amoureuse dans la vingtaine se déroule sur fond de négociations où les demandes des filles se heurtent souvent à l'insécurité des garçons. Elles exigent à la fois l'intensité du cœur et le bouleversement physique. Peu de garçons de leur âge savent répondre à ces attentes, ébranlés qu'ils sont par les tornades successives déclenchées par les femmes de leur entourage, mère et sœurs au premier chef, depuis leur naissance. La pudeur de ces filles n'étant plus enfermée dans la morale ancienne, elles revendiquent l'orgasme ET l'égalité salariale. Même les plus BCBG diront d'Untel qu'« il est un mauvais baiseur et c'est dommage car il est très gentil et pas macho pour deux sous ». Dans leur esprit, la jouissance devrait sans doute être inscrite dans la Charte des droits au même titre que le droit de parole. En général, c'est dans la vingtaine qu'elles vivent leur première vraie passion amoureuse, celle qui ébranle leur belle assurance et déstabilise la construction rationnelle de leur vie. A cet âge, elles attendent de l'être aimé qu'il soit à la fois un amant de niveau olympique, un complice sentimental à la façon des copines et un battant au travail. Elles le veulent d'une disponibilité totale quand elles ressentent le besoin qu'il soit à leur côté. Il doit de plus conjuguer virilité et douceur et accepter de façon inconditionnelle leurs ambitions professionnelles. Naïves, elles le sont d'autant plus qu'elles s'imaginent échapper à cette « tare » si féminine. Des hommes pouvant correspondre à une fiche signalétique aussi complète, il est difficile d'en trouver ailleurs que dans les manuels du parfait féministe.

Ces jeunes amoureuses de l'après-féminisme connaissent donc des peines d'amour doublées de déceptions idéologiques. Différentes de leurs mères, elles découvrent que les jeunes hommes qu'elles fréquentent ont bien du mal, eux, à rompre avec la loi de leurs pères. Certaines musardent donc d'un homme à l'autre, appréciant la tendresse de l'un, l'intelligence de l'autre et la sensualité du troisième. Celles qui persistent avec le même se mettent en ménage avec l'espoir que ça dure et d'autres se marient « pour la vie », gardant en arrière-pensée que les chats en ont plusieurs, au moins sept selon le dicton. Elles sont prêtes à miser, à risquer le tout pour le tout. A la fin de la vingtaine, ces jeunes femmes mariées déploient leur énergie à organiser le bonheur du couple. Elles refusent d'entendre les discours désabusés sur l'amour, elles écartent du revers de la main les obstacles dressés devant elles pour les empêcher de réaliser leurs ambitions professionnelles. Elles ont un mari, moins idéal que prévu, certes, mais qui leur permet d'être mères, ce qu'elles souhaitent de tout cœur en majorité. A vrai dire, elles adhèrent au *think positive* si cher aux Américains. Et qui peut leur reprocher de vouloir exorciser tous les « mauvais œils » qui menacent la vie de couple et la famille en cette fin de siècle ?

Celles qui sont célibataires n'ont pas encore l'âge de la crainte de rester seules. Conscientes de l'atout de leur jeunesse, héritières des victoires sociales des générations de femmes qui les ont précédées, ces jeunes insolentes gardent leur cœur, même égratigné, en bandoulière et s'inquiètent modérément de constater que le cercle des prétendants potentiels se réduit peu à peu. Elles ont tout l'avenir devant elles et sauront rassurer celui, même apeuré, qui correspondra à leurs attentes. Du moins le croient-elles.

« C'est à trente ans que les femmes sont belles », chantait Jean-Pierre Ferland il y a quinze ans. Écrivant cette chanson aujourd'hui, il faudrait ajouter : et de plus en plus seules. Car voilà le drame de toutes ces femmes, intelligentes, autonomes, sûres d'elles, installées dans la trentaine, la gorge serrée, conscientes soudain de la fulgurance du temps. Heurtées encore par la dernière rupture amoureuse : « Tu es une femme exceptionnelle mais je n'ai rien à t'apporter. A tes côtés, je me sens inutile », aura déclaré l'homme sur lequel elles avaient secrètement misé. Phrase assassine, passe-partout, qui décrit l'exacte et cruelle réalité : il y a un prix à payer pour accéder à l'égalité des sexes. On peut imposer par lois et règlements la présence des femmes dans la vie publique, mais personne ne viendra prescrire à l'homme le choix des femmes à aimer. Or, les « nouvelles femmes » représentent un défi que peu d'hommes veulent relever.

L'ambivalence qui caractérise ces femmes exaspère leur compagnon du moment. Souvent, elles aiment sans vouloir rendre de comptes, n'arrivant pas à vivre les contraintes du travail et les exigences amoureuses : « Il m'a fait la tête parce que j'ai dû, à la dernière minute, annuler le dîner qu'il avait préparé chez lui. J'avais une urgence au bureau. Franchement, il devrait comprendre. Ça fait deux mille ans qu'on les attend et qu'ils se décommandent. » Ici, la vérité historique triomphe, mais la vérité du cœur, elle, est malmenée.

De plus, il est intéressant de constater que ce type de femmes reproduit un modèle masculin qu'elles ont été les premières à critiquer. En effet, un de leurs griefs majeurs contre les hommes porte sur la compartimentation de leurs activités, sur le fait qu'ils n'arrivent pas aisément à faire l'union sacrée du cœur et de la raison. S'il existe, depuis longtemps, des hommes-tiroirs, l'on assiste, de nos jours, à la naissance des femmes-tiroirs ; l'amour est dans l'un, le travail dans l'autre, le sport dans un troisième, et lorsqu'on ouvre un des tiroirs les autres se referment automatiquement.

L'amour, après le féminisme, devient le fruit d'une convention dont la violation des articles fait l'objet de griefs qui doivent être tranchés par un arbitre. Or, le couple ne supporte pas de tiers, l'harmonie repose sur la volonté commune de l'homme et de la femme. La transposition dans la vie intime du combat légitime des femmes pour l'égalité sociale est un leurre dont elles subissent les conséquences. Dans la chambre à coucher, on ne négocie pas. On se perd tour à tour, on s'abîme l'un par l'autre, on renaît l'un de l'autre. Chacun doit accepter d'être dominé et de subir successivement la force et la faiblesse du partenaire.

Dans la trentaine, les femmes vivent la passion qui dévore ou en font leur deuil, mais toutes l'ont espérée. Celles qui l'ont vécue – la passion est une maladie de l'amour, donc passagère – n'ont souvent que récriminations à l'endroit de celui qui la leur a inspirée. « Il ne méritait pas mon amour. Comment ai-je pu me laisser avoir par un homme aussi lâche ! » D'aucunes expriment de la pitié : « Je ne lui en veux pas. Il m'a apporté des joies si intenses. Malheureusement, il n'a pas eu le courage de quitter sa femme. C'est un homme faible et elle en abuse. » Enfin, d'autres sont blessées pour l'éternité : « C'est fini... Je n'ai rien à lui reprocher, je me suis trop abandonnée. J'aurais dû me protéger davantage. Pourtant, il ne cessait de répéter que je lui étais indispensable. Jamais plus je ne me ferai avoir. Heureusement, il y a le travail pour oublier. » Et un mari, pourraient ajouter celles pour qui le mariage n'est plus une barrière à leur envie de tout vivre. Insatiables, ces femmes affranchies se consument au bureau, à la maison et dans l'amour. Pour avoir trop vu leur mère subir les frasques ou l'indifférence de leur propre père, elles ont la révolte enfouie au fond du cœur. Elles ne se satisfont pas des attentions d'un mari gentil, trop gentil justement. Elles fuient dans les bras de machos, souvent plus âgés, qui leur fond perdre pied et leur donnent le vertige. Le mari pour la tranquillité d'esprit, l'amant pour la résistance, et pas question, dans leur esprit, de choix déchirant. C'est la décennie de tous les défis.

L'on ne fait pas facilement son deuil de la passion. Rares sont les jeunes femmes qui se vantent d'en être à l'abri ou de la fuir. Au contraire des hommes, la plupart la recherchent et reprochent à ces derniers de tout tenter pour l'éviter. De là le déficit masculin. « On manque d'hommes », se plaignent-elles. Plus facile, il est vrai, de trouver des femmes pour parler de la passion que des hommes pour la vivre. « Et si seulement ils savaient de quoi ils ont peur... Ma peur à moi, c'est de passer à côté d'émotions aussi fortes. Je ne comprendrai jamais les mecs, assure Flora, une coiffeuse à la mode. Je suis entourée d'homosexuels. Eux ne cherchent que ça, les coups de cœur. Parfois, je me dis que, si j'étais gay, je serais moins frustrée... »

Dans le passé, des femmes jeunes et célibataires sacrifiaient tout pour vivre des amours dévastatrices avec des hommes bien ou mal mariés. Elles y laissaient leur jeunesse, leur fougue et leurs illusions, dans l'attente, avouée ou secrète, d'une rupture avec l'épouse. « Week-ends », « vacances » sont des mots maudits, des mots-couteaux qui provoquent la douleur chez celles qui ont pleuré tous leurs samedis et leurs dimanches, mois après mois, année après année. Ce sont des belles de l'heure du déjeuner, à la trentaine irrésistible pour les hommes d'âge souvent mûr qui se revitalisent dans leurs bras et peuvent enfin s'abandonner, assurés qu'ils sont de reprendre pied de retour au bercail.

D'autant qu'ils pouvaient auparavant compter sur la discrétion des amantes, qui venait en prime de l'extase. De nos jours, les jeunes femmes libres sont nombreuses à refuser ces amours condamnées au malheur : « Je fuis les hommes mariés, avoue Louise, une institutrice qui parcourt le monde durant les vacances scolaires. J'ai trop vu ma propre sœur se morfondre durant douze ans dans l'espoir que son amant rompe avec sa ''mégère''. Il ne l'a pas fait, évidemment, et elle s'est retrouvée, Gros-Jean comme devant, à quarante-quatre ans, des poches d'un centimètre d'épaisseur sous les yeux d'avoir trop versé de larmes. » Les femmes éduquées pour la revendication, entre deux maux, choisissent le moindre, la solitude : « Je préfère être seule, même si c'est difficile, qu'affronter une concurrente en me demandant maladivement si elle est mieux que moi, plus sexy, plus intelligente ou plus douce. C'est trop humiliant. » Les « nouvelles femmes » sont allergiques à la soumission et à la dépendance à l'égard de l'homme ; elles acceptent d'être soumises et dépendantes dans la vie amoureuse, mais en alternance avec l'homme aimé, et cette volonté d'égalité profonde les empêche de céder à la tentation des passions extra-maritales. « Il vaut mieux souffrir de ne pas être aimée qu'être à moitié aimée », affirment-elles.

Certaines, contrairement aux femmes du passé avides de ne pas rester vieilles filles, refusent les soupirants qui ne trouvent pas grâce à leurs yeux. Passé la trentaine, plus seules que jamais parce que entourées d'amies mariées, leur indépendance financière est douloureuse à vivre car elle leur permet de s'offrir toutes ces activités (voyages, ski, spectacles) si agréables en couple. Il faut voir le regard qu'elles jettent sur les femmes enceintes et les bébés en poussette. Elles ont vaincu ce que les sociologues appellent, avec la légèreté d'expression qu'on leur connaît, « le déterminisme dû à leur sexe ». Elles ont conquis leur autonomie, elles contrôlent leurs choix de vie, et voilà que soudain la panique les retrouve sans voix, surtout le soir, quand elles mettent la clé dans la serrure de l'appartement dont la chaleur de la décoration ne suffit pas à masquer le vide. Dans le miroir, elles cherchent sur leur visage les raisons de la fuite des hommes. A cet âge, elles ont toutes aimé ou été aimées. Elles savent que l'attente amoureuse embellit, que le plaisir allume le regard et que la tendresse adoucit les traits. Elles ont le sentiment qu'elles ne demandent pas la lune aux hommes. Qu'il serait simple pour eux de combler leur attente. Pourquoi se retirent-ils au moment même où ils commencent à s'attacher ? Et alors, comment les retenir en leur donnant l'impression qu'on ne les retient pas ? Elles s'interrogent mais connaissent les réponses puisqu'elles ont délibérément refusé de marcher dans les pas de leurs mères, ces victimes immolées qui se sont délestées de leurs ambitions pour ne pas faire de l'ombre au mari. Elles clament à qui veut les entendre que l'amour sans égalité n'est qu'aliénation et se consolent en regardant autour d'elles toutes ces malheureuses, mal mariées, maltraitées ou trahies.

Pour beaucoup, l'intolérable est d'apprivoiser l'idée de ne pas être mères. Certaines ne s'y résignent pas et décident de choisir un géniteur qui ignorera souvent les conséquences de l'étreinte d'un soir. Ces mères-là estiment le père inutile. Quelques marginales, aux États-Unis surtout, poussant la logique plus loin et aidées en cela par la science, conçoivent sans homme, grâce aux banques de sperme. C'est peut-être leur droit. D'aucuns croient que celui de l'enfant est aussi d'avoir un père. Opinion partagée par toutes les jeunes femmes qui approchent de la quarantaine sans avoir consenti à rompre si brutalement avec l'idée qu'elles se font de la famille, leur sens de l'innovation ayant atteint ici sa limite.

Celles qui sont mariées ne sont pas à l'abri de ce mouvement d'insatisfaction amoureuse. La résignation et l'esprit de sacrifice caractérisaient leurs mères. Leur seuil de tolérance à elles est restreint et elles prennent de plus en plus l'initiative de la rupture du couple. Si les hommes s'accommodent d'une vie amoureuse bringuebalante en s'évadant dans le travail et en s'assurant des aventures épisodiques à caractère plus sexuel que sentimental, beaucoup de femmes ne se résolvent pas à agir comme eux et à vivre mal aimées. Pour qu'elles soient heureuses, l'ensemble de leur vie doit être harmonisé, et les tensions dans le couple leur sont insupportables. Chaque crise, même mineure, les plonge dans une remise en cause de la relation elle-même et la répétition de ces crises entraîne nombre de femmes à mettre un terme à leur union. Elles partent alors pour partir, contrairement aux hommes, qui quittent souvent le foyer à cause d'une autre femme. La patience féminine, nourrie de siècles de pratique, est longue, mais, le jour où une femme décroche de l'amour, aucun pleur d'homme ne peut la retenir.

Même la présence des enfants, jadis argument décisif, ne joue plus de façon absolue : « J'aurais été irresponsable face à mes deux filles si j'avais continué à endurer les insultes et le mépris qu'exprimait à mon endroit mon mari devant elles. Quelle image de l'homme allaient-elles se construire ? Il vaut mieux qu'elles soient séparées de leur père que d'en avoir un aussi déficient sous les yeux. » La décision de Claire, trente-six ans, a été facilitée du fait de son autonomie financière. Mais, par le passé, dans les mêmes conditions, les femmes n'avaient pas la force de briser leur mariage. Aujourd'hui, on n'a plus foi dans le temps qui arrangerait les choses. Au contraire, la femme moderne traverse la trentaine habitée par un sentiment d'urgence : réussir dans le travail, mettre des enfants au monde, rompre des amours insatisfaisantes afin d'avoir la possibilité d'en rebâtir d'autres avant qu'il ne soit trop tard.

Ces femmes ne veulent pas être aimées à la façon de leurs mères, dans un rapport d'inégalité sociale, mais elles font semblant d'ignorer dans quel dilemme elles plongent les hommes qui les entourent. Elles leur demandent d'inventer une façon d'être amoureux en rupture avec les conduites du passé : « Sois viril mais pas macho », clament-elles, alors que personne ne leur demande à elles d'être « féminines mais autonomes ». Elles s'attendent à ce qu'ils assument une paternité plus active et sont les premières à s'interposer entre les enfants et eux, quand surviennent les conflits. Les hommes voudraient savoir comment les aimer.

Ils ne peuvent plus cacher leur désarroi devant tant de demandes contradictoires, mais elles-mêmes sont à la recherche du nouveau code amoureux. Ceux qui les aiment de façon trop pressante – cela existe – s'entendent répondre qu'elles ont besoin de leur jardin secret, en l'occurrence la vie avec leurs copines, si dense d'affection et de confidences. La solidarité féminine, on le sait, est loin d'être un vain mot. Elle est vécue de façon très concrète. Et si les femmes ne peuvent fournir de prétendants à celles qui se retrouvent sans homme, elles les entourent cependant de leur compassion et leur donneront toujours raison contre ceux qui les délaissent.

Les femmes heureuses sont à l'affût de confidences leur permettant de comparer leur bonheur : « Une amie m'a fait la description détaillée des caresses que lui prodigue son dernier amant et je me suis rendu compte à quel point la façon de faire l'amour de mon mari était routinière. » Cette femme fidèle, ébranlée par une confession fréquente entre femmes, a obligé son mari à se procurer des livres pouvant l'inspirer. Mais l'insatisfaction, tel le ver de la pomme, a fait son œuvre. Car, de nos jours, les femmes revendiquent aussi le droit à l'orgasme et tout le monde éprouve le besoin de comparer son bonheur ou son malheur avec celui d'autrui. Le voyeurisme médiatique, autour du sexe, de la misère et de la douleur, témoigne de cette tendance. L'abandon de l'esprit de sacrifice au profit de l'individualisme triomphant exacerbe les désirs. Difficile de se contenter d'être heureux quand on découvre à côté de soi un bonheur qu'on croit plus intense et plus pointu que le sien. Les femmes, décidées à rompre avec la domination passée, sont animées d'une détermination farouche d'obtenir tout ce dont leurs mères ont été privées, le plaisir sexuel sans culpabilité en tête. Brisant le silence dans lequel elles étaient traditionnellement enfermées, elles appliquent le principe de Mao en décrétant que la parole est révolutionnaire. Les réunions de femmes, à quatre ou à cent, aboutissent toujours à l'analyse de leurs relations avec les hommes. L'expérience de l'une renvoie à celle de l'autre, soit pour la confirmer dans son sentiment amoureux, soit pour remettre en question la façon dont elle est aimée. La vie des femmes mariées dans la trentaine est une sorte de laboratoire de la vie amoureuse de l'après-féminisme. Elles refusent d'être des cobayes mais sont incapables de trouver le point d'équilibre qui leur permettrait de servir d'exemple à celles qui les suivent. Les plus lucides parmi celles qui vivent en couple ne comptent guère sur la stabilité du moment pour assurer leur sécurité dans l'avenir. Celles qui sont sans homme, qu'elles aient ou non des enfants, apprivoisent l'idée d'entrer dans la quarantaine le corps encore jeune mais l'âme envahie d'une nostalgie contre laquelle elles luttent farouchement.

Les femmes de quarante ans, élevées dans l'ancienne mentalité, sont les combattantes de la lutte pour l'égalité. Elles ont rué dans les brancards et dressé une liste interminable de récriminations à l'endroit des hommes. Elles sont montées à l'assaut, les plus radicales se transformant en panzer de la guerre des sexes, tirant à boulets rouges sur les hommes, tous responsables à leurs yeux de l'exploitation et de l'humiliation historique des femmes. Même celles qui se disent antiféministes arrivent mal à masquer leurs propres griefs à l'égard des hommes, tant cette génération éprouve une rancune, plus ou moins sourde, contre le sexe fort. Aigries d'avoir été trompées, frustrées d'avoir renoncé à leurs études, humiliées de n'avoir eu de statut social qu'à travers l'époux, dévalorisées peu à peu dans leur rôle de mères, ces femmes ont décidé que l'heure des comptes avait sonné. Que les hommes en général et leur homme en particulier devaient faire amende honorable. « Je l'ai soutenu dans son travail, j'ai élevé ses enfants, organisé la maison pour sa tranquillité d'esprit ; j'ai fermé les yeux sur ses aventures passagères et, comble de la bêtise, j'ai résisté un jour aux avances d'un ami tombé amoureux fou de moi. » Elles sont nombreuses, en Occident du moins, à pouvoir reprendre en chœur cette plainte en forme de regret. Le plus surprenant, c'est que beaucoup d'entre elles semblent avoir oublié l'amour que leur a porté leur mari.

Et les plus revendicatrices ne sont pas toujours celles qui se sont battues pour ouvrir la voie, ces pionnières dans les domaines jadis réservés aux hommes. Au contraire, ces superwomen ont tendance à atténuer leurs difficultés, à mettre en avant le plaisir, réel, que leur procure leur travail. Pourtant, pour ces dernières, le bilan personnel est souvent lourd : elles sont épuisées, le divorce est le lot d'un grand nombre et, en amour, le désenchantement ou la déception leur tient lieu de discours. Les plus amères se retrouvent plutôt parmi ces femmes qui dénonçaient, il y a vingt ans, la cause féministe en général et les féministes en particulier. Elles ont souvent tendance à décrire les hommes comme des irresponsables, des êtres infantilisés ou faibles, velléitaires ou brutaux. Selon les sociétés, le ton des reproches est différent – dur et même impitoyable en Amérique, modéré et sceptique en France, condescendant et moqueur en Italie –, mais le contenu des récriminations est partout le même. Rares sont les hommes qui trouvent grâce aux yeux de ces femmes. Étonnamment, celles qui sont encore et heureusement mariées n'ont pas une vision très différente ; à croire que la déception des femmes face à la réponse amoureuse masculine est indépendante de la façon dont elles sont aimées dans la réalité. D'ailleurs, devant une femme en état de choc amoureux, elles disent en chœur que la malheureuse (heureuse) se prépare des lendemains qui déchantent et que tous les hommes, même les plus parfaits au début, finissent par se ressembler quand l'amour s'éteint. « De toute façon, c'est parce que nous sommes folles que nous les aimons », pensent-elles avec fatalité. Le combat pour l'égalité des sexes a fait surgir de la gorge des femmes le vieux cri de leur douloureuse et mystérieuse insatisfaction amoureuse.

Les plus passionnées font un décompte fébrile du temps qui fuit. Elles veulent à tout prix connaître, avant qu'il ne soit trop tard, les derniers tourments dévorants de l'amour fou. Mais rares sont les hommes à se porter volontaires pour vivre sur ces montagnes russes sentimentales. C'est qu'elles n'ont peur de rien, les battantes. Conscientes de leur charme, elles savent que la séduction est une arme qu'elles ne pourront dégainer éternellement. Et c'est bien cette absence de peur chez elles qui provoque la trouille des hommes tentés de leur céder. Prêtes pour un bonheur violent, elles le sont également pour la souffrance à vif qui suivra. L'un ne va pas sans l'autre, leur corps leur a toujours rappelé cette loi. L'ennui seul est intolérable à leurs yeux.

Après une vie commune de dix, quinze ou vingt ans, beaucoup de femmes, en effet, avouent s'ennuyer à côté de l'homme de leur vie. Les hommes s'affalent dans l'amour comme dans un divan devant des femmes qui souhaitent perpétuer les émois premiers, le fleur-de-peau, l'émotion inattendue. Avant tout, elles désirent entendre l'amour, qu'il soit mis en mots et répété en toutes circonstances. Les hommes, au contraire, éprouvent une joie évidente à retrouver auprès de la femme de leur vie la routine de la veille. « J'aime que demain soit comme aujourd'hui », pourraient-ils dire ; pour leur part, un grand nombre de femmes préféreraient que demain soit comme le premier jour.

« Mon mari me fait l'amour le dimanche matin, avant d'aller chercher son *New York Times*. Avec un peu de chance, il me le refait le mercredi soir en revenant du tennis, à la condition de ne pas avoir perdu le match ; il est très orgueilleux. » A quarante-deux ans, après douze ans de mariage, Michèle étouffe de cette relation qui fait l'envie de ses amies solitaires : « Je suis décidée à prendre un amant. Mon problème, c'est de le trouver. Je ne vais tout de même pas mettre une annonce dans les journaux : *Femme mariée et voulant le rester cherche homme pour plonger dans précipice passionnel. Parachutistes s'abstenir.* Alors je suis à l'affût. Devant le premier, potable, qui me fait un appel de phares, je rappelle avec mes feux de croisement. »

Toutes n'ont pas l'humour de cette Michèle pour dédramatiser l'angoisse qui les habite. Car la quarantaine est perçue par les femmes comme la phase aiguë de la vie du cœur et de la sexualité. Après, croient-elles, viendra le temps de la raison et des compromis. Peu à peu, la résignation remplacera l'amertume.

La cinquantaine, c'est l'âge de la ménopause et de la peur d'être abandonnée pour une plus jeune. Celles qui ont connu un divorce ou une séparation sont en quête d'un amour tardif qui ressemblerait davantage à une relation d'amitié amoureuse qu'à une tourmente passionnelle. Les couples qui perdurent sont maintenant face à face, les enfants ayant en général quitté le domicile. Les femmes qui se plaignent de leur mari sont portées à hausser les épaules, l'air de dire : « J'ai tenu le coup jusqu'à maintenant, mes rêves sont du passé. Je suis réaliste et il a quand même ses bons côtés. » Plusieurs découvrent une indépendance nouvelle et consolident leurs amitiés féminines. Elles sortent davantage entre femmes et partagent entre elles leur angoisse face au temps qui les a rejointes dans leur corps et aussi dans leur cœur.

Les battantes qui tentent de vivre comme si les « problèmes de femmes » ne les concernaient pas sont les plus secouées si leur mari les quitte. Elles qui ont contrôlé leur contraception, leur vie amoureuse, leur réussite professionnelle, elles qui ont cru échapper à toutes les lois régissant les femmes, voilà qu'elles se retrouvent brutalement à la case départ, envahies par toutes ces peurs rattachées à leur sexe et qu'elles avaient cru vaincues à jamais. Des hommes, elles en ont eu ou pas selon leur choix, des enfants, elles ont choisi d'en avoir ou non, le travail, l'argent, le pouvoir leur sont devenus familiers. Entourées dans le travail, admirées par les hommes qui les aimaient, elles n'ont pas imaginé qu'un jour elles puissent subir la concurrence d'une autre femme. Quand cela se produit, elles blâment la rivale bien davantage que le mari. Terminée, la solidarité féminine dont elles ont été à même de bénéficier. Elles retrouvent le vieux réflexe : « Il s'est fait prendre au piège par une salope », diront-elles du mari en fuite, « faible et naïf ».

Les femmes seules abordent la cinquantaine en sachant que, contrairement aux hommes du même âge, leur charme est rarement érotique pour les hommes plus jeunes qu'elles. La plupart de celles qui se sont battues pour la cause féministe comprennent soudain que l'idéologie en laquelle elles ont cru est de peu de recours pour les besoins plus affectifs que professionnels qui sont maintenant les leurs. Il n'y a plus d'hommes pour elles et aucune loi n'y peut rien changer. « Ils finissent toujours par gagner sur nous », pensent dans leur for intérieur ces femmes devenues spectatrices de leur propre solitude.

Les femmes âgées, dans la soixantaine et au-delà, ont raté le tournant de la modernité, la contraception et le féminisme. Mais le discours militant ne les a pas épargnées. Lorqu'elles se décident à rompre le silence, leur parole sur les hommes est dure, impitoyable même. Sans émotion apparente, elles se rappellent l'humiliation subie, l'autoritarisme de l'époux, leurs rêves avortés. Les écouter, c'est entendre aussi la complainte des femmes mal aimées. Les jeunes femmes d'aujourd'hui leur renvoient l'image de ce qu'elles auraient pu être. Si le laxisme moral en choque plusieurs, elles sont souvent compréhensives et tolérantes face à l'avortement, au divorce, à la vie commune en dehors du mariage : « De mon temps, diront-elles avec une pointe de regret ironique, ces choses ne se faisaient pas. La règle, c'était l'obéissance au père et ensuite au mari. » Quand elles n'ont pas enterré leur époux, elles ne se gênent pas pour le critiquer, même devant des tiers. Elles prennent leur revanche, inspirées par le discours critique de leurs cadettes. La sexualité ? « Pouah..., dit avec dérision une vieille dame indignée. Si les hommes se vantent, méfiez-vous. Les scènes d'amour qui durent des heures, c'est du cinéma. Et les amants, ça n'était pas pour nous. C'était bon pour les actrices ou les chanteuses comme Édith Piaf... »

Les veuves, bien supérieures en nombre aux veufs, expriment souvent du soulagement à se retrouver seules. « Seules » étant une façon de parler puisque la solidarité féminine joue un rôle majeur dans leur vie. Les vieilles dames se fréquentent, s'encouragent dans la maladie, voyageant en groupe si elles en ont les moyens, découvrant une liberté jamais connue auparavant. Leurs hommes, elles s'en souviennent comme d'enfants gâtés, vulnérables, bougons, car l'image qu'elles retiennent d'eux est celle de leur vieillesse, de ces années de retraite que la plupart ont si mal supportées. « Lorsque mon mari a pris sa retraite et qu'il s'est retrouvé toute la journée à la maison à me dire quoi faire, j'ai su que j'étais en prison. Son cœur a flanché, ça m'a fait de la peine, mais si ça n'avait pas été lui, c'est moi qui y laissais ma peau », raconte une sexagénaire resplendissante à qui l'on doit fixer rendez-vous tellement sa vie sociale est active. Se remarierait-elle ? « A mon âge, j'ai fini de rendre des comptes à quelqu'un. J'ai eu un mari, c'est le seul homme que j'aie jamais connu. Je ne me plains pas, il a fait son possible. J'ai élevé les enfants, il nous faisait vivre. Je savais à quel moment fermer les yeux. J'ai appris à me taire, à ne rien remarquer de ce qui se passait autour de moi. Aujourd'hui, je me sens plus libre qu'à vingt ans, et vous voudriez que je sacrifie cela pour un homme ! Vous vous payez ma tête ? »

De la première à la dernière émotion amoureuse, les femmes ont le sentiment de se donner davantage que l'homme. Par le passé, elles ont rêvé à un homme mythique dont la sentimentalité se confondrait à la leur mais qui conserverait un ascendant protecteur sur elles. Depuis le féminisme, elles recherchent un prototype masculin aux rôles interchangeables. Elles le veulent à la fois homme et femme, dominateur-dominé, pourvoyeur-dépendant, à proximité et à distance. De l'homme de Neandertal à l'homme paradoxal, telle semble être l'évolution.

2

L'argent au féminin

Brutale réalité : les femmes n'ont plus besoin des hommes pour vivre. Finie la dépendance, finie l'humiliation, fini le chantage. Les hommes ont cessé d'être des pourvoyeurs de par la volonté des femmes. Ils s'en accommodent plus ou moins bien, obligés de constater qu'une femme qui paie est une femme qui décide : du choix du restaurant, de l'appartement, de la voiture, des vacances et, ultérieurement, de l'heure de prendre congé du mari.

Curieux. Le discours sur l'argent est un des derniers tabous. Les femmes parlent plus volontiers de leur vie sexuelle que du montant de leur salaire. Même le discours féministe est réservé sur le sujet, se contentant d'établir le lien obligé entre autonomie et indépendance financière. Peu importe le revenu ou le milieu social : les femmes sentent confusément que leur accès à ce nouveau pouvoir transforme de façon irréversible leurs relations avec les hommes. A preuve, l'histoire de ces ouvrières spécialisées d'une petite entreprise de haute technologie du Midwest américain : vers 1985, un groupe de Silicone Valley racheta l'entreprise. Conscients de la qualité du personnel, entièrement féminin, et désireux d'améliorer davantage la production, les dirigeants convoquèrent les responsables syndicales et leur proposèrent une importante augmentation de salaire, façon de retenir ces travailleuses compétentes. Leurs porte-parole déclinèrent l'offre devant une direction estomaquée. D'origine hispanique, elles savaient que leurs maris ne toléreraient pas qu'elles gagnent plus qu'eux. Refusant de les humilier, astucieuses, elles suggérèrent plutôt qu'on leur verse en bénéfices marginaux (congés, assurance maladie, fonds de retraite) l'équivalent des offres. Ainsi, l'honneur des maris serait sauf, la paix du ménage assurée. La convention fut signée.

« Stupide, inacceptable », diront celles qui souhaiteraient une mutation des comportements masculins. C'est faire peu de cas de l'effort d'adaptation des femmes elles-mêmes à ce pouvoir qu'elles n'ont jamais détenu dans l'histoire de l'humanité. De tout temps, il a fallu qu'il y ait mort d'homme pour que les femmes accèdent à la richesse. Ces héritières, de leur père et de leur mari, notre époque les a célébrées à la manière des stars et elles ont plus souvent fait la une des magazines de mode que des journaux financiers.

L'argent les maintenait dans une caste à part, à l'abri de l'idéologie et de la solidarité féminines. Si bien qu'aucune femme n'a jamais pensé que ces femmes-là pouvaient être les modèles à suivre vers l'émancipation espérée. Les liens du sang et du mariage les protégeaient de l'injustice sociale rattachée à leur sexe. Ce n'était pas la femme qui héritait, mais la fille du père et l'épouse du mari.

Dans la société, où se situe le vrai pouvoir ? Là où les femmes sont absentes, dans le haut de l'échelle des revenus. A quoi reconnaît-on les professions les plus lucratives ? Au fait qu'elles échappent au mouvement de féminisation. Les femmes deviennent majoritaires en médecine alors que le salaire moyen du médecin est en baisse. Même phénomène en droit et en sciences humaines. « A travail égal, salaire égal » est encore une utopie dans la plupart des pays occidentaux où rationalité et compétence sont censées dicter la conduite des affaires. Mais la brèche est là et il n'y a pas de raison que le mur de l'argent séparant les sexes ne subisse pas le même sort que le mur de Berlin, apparemment indestructible. Il serait illusoire de croire cependant que ce passage se fait sans soubresauts et sans anxiété pour les hommes et les femmes.

La femme traditionnelle s'est toujours sentie dans l'obligation de rendre en services et en nature l'équivalent de l'apport matériel et financier du mari. Élever les enfants, nettoyer la maison, organiser la vie sociale, quoi de plus normal ? Avec en plus le devoir conjugal, car elle gardait en mémoire le vieux brocard de droit : « Au coucher la femme gagne son douaire. » Subir les humeurs de l'époux, le réconforter, l'aider au moment d'une épreuve, cela faisait partie du contrat tacite, et ce en dehors de tout esprit de sacrifice. Les couples qui célèbrent leurs noces d'or sont la plupart du temps ceux où l'épouse a fait son devoir. Rares sont les couples modernes qui fêtent leurs noces d'argent. Car le contrat est rompu ; il n'y a plus de devoir, encore moins d'obligation, et le brocard de droit devrait plutôt proclamer : « Au travail, la femme gagne son coucher. »

« Les hommes veulent maintenant le beurre et l'argent du beurre. Que l'on gagne notre vie et qu'on les traite avec les égards dus au pourvoyeur. On est piégées. Moi j'ai eu envie d'arrêter de travailler, mais je me suis dit que je me piégeais doublement. Alors je paie une femme de ménage deux fois par semaine plutôt qu'une. » Courant. La femme qui travaille débourse de sa poche pour les travaux domestiques, la garde des enfants, les camps de vacances, toutes tâches qu'elle n'exerce plus elle-même. A vrai dire, elle paie pour travailler alors que l'homme est payé pour son travail. Cette répartition des dépenses correspond aussi à l'importance accordée au travail féminin, qui pourrait le nier ?

Chez les jeunes, le temps est révolu où les

garçons payaient pour les filles. Le partage est de règle et les filles en particulier tiennent mordicus à cette égalité monétaire : « Je ne veux rien devoir aux garçons, je refuse toujours de me faire offrir un verre. » Paule, dix-huit ans, est québécoise, et c'est tout juste si elle ne se balade pas avec sa calculatrice en poche. « J'ai vu ma mère réclamer de l'argent à mon père toute sa vie. Je me suis juré que jamais je ne demanderais un sou à un homme. » Cette attitude est typique des femmes nord-américaines, alors qu'en Europe la vieille galanterie – le vieux machisme, diraient d'autres – n'a pas disparu complètement. « Ça me repose lorsque je vais en mission en France ou en Italie, raconte une fonctionnaire. Là-bas, les hommes refusent de partager la note. Maintenant, je n'insiste plus, m'étant rendu compte que je les insultais. Chez nous, non seulement l'on divise en deux, mais certains ajoutent à notre addition le sou en sus. C'est ce sou que je n'arrive pas à digérer. »

Ils sont nombreux à s'accommoder de ce nouvel ordre monétaire, et certains ne cachent pas leur amertume : « Je ne vois pas pourquoi je paierais la note d'une femme qui gagne le même salaire que moi. Elles veulent être égales, qu'elles le soient. » Logique. Mais derrière cet argument irréfutable s'exprime la rage sourde d'avoir définitivement perdu un pouvoir séculaire, composante de l'identité masculine. Ces hommes, semblables en cela aux maris des ouvrières hispaniques, ne toléreraient pas de partager leur vie avec une femme qui gagnerait plus d'argent qu'eux – au Canada, cela représente 20 % des femmes parmi les couples sur le marché du travail.

Les jeunes semblent donc vivre sans problème ces relations comptabilisées, si bien que, lorsqu'un garçon invite la jeune fille en lui précisant qu'il désire payer, elle comprend qu'il cherche à la séduire. « Je refuse d'être invitée à dîner lorsque je n'ai pas envie de donner suite », affirme Annie, une avocate de vingt-cinq ans. Pourquoi ? « Parce que je ne veux pas être obligée de coucher avec celui qui m'invite. » Incroyable ! Mais cette Annie exprime avec brutalité et sans détour le vieux sentiment qu'ont éprouvé tant de femmes dans le passé, celui d'avoir à payer le prix du désir qu'elles provoquaient chez l'homme. Elles sont nombreuses à être allées au lit pour remercier des hommes qui les comblaient de cadeaux mais qu'elles n'aimaient pas. Car les femmes se sentent en quelque sorte responsables de la séduction qu'elles exercent sur ces derniers.

La carte de crédit sert ainsi de préservatif aux femmes, mais leur comportement face à l'argent n'est pas dépouillé d'ambiguïté pour autant. L'on ne rompt pas, en une génération, une dépendance qui dure depuis des siècles. Les menus de restaurant sans indication de prix que l'on tendait à la femme correspondaient à l'image que l'on se faisait de cette dernière : un être délicat, à protéger de ces basses préoccupations matérielles. L'intention était charmante, la suite souvent moins. « Puisque tout se paie, ne vaut-il pas mieux payer en billets plutôt que de sa personne ? », pensent celles qui ont découvert les griseries de la liberté financière.

Parmi les jeunes, le partage des dépenses moitié-moitié oblige à une redéfinition de la générosité. « S'il me donne un cadeau, je me sens obligée de lui rendre la pareille », remarque Élise, étudiante de vingt ans qui vit avec son amoureux, étudiant comme elle, dont les parents défraient le loyer de l'appartement. Pourquoi donc ce besoin de donner lorsqu'elle reçoit ? « Je ne veux rien lui devoir. Pour moi, c'est très important. On vit ensemble parce que l'on s'aime, pas parce que l'un est utile à l'autre. Le jour où ça ne marche plus, chacun part de son côté. » Et les objets achetés en commun ? « On ne partage que les dépenses de nourriture, de sorties, de voyages. J'ai des meubles à moi, lui a les siens. On a vu trop de nos amis se disputer une télé au moment de se quitter. » De nos jours, les filles de vingt ans comme Élise sont plus réalistes que romantiques.

« Le calcul, ça n'est plus l'amour », pensent avec regret ceux qui déplorent que l'intendance prenne le pas sur le sentiment amoureux. C'est oublier que les amours se terminent aussi, hélas, par des règlements de comptes pécuniaires qui ternissent à jamais l'élan du cœur, noble et gratuit, qui les a inspirées. Rares sont les couples qui se quittent sans que l'argent soit le nœud de la bataille qu'ils se livrent. « Il va me le payer », dit la femme abandonnée. « Une pension pour les enfants, d'accord, mais pour elle, jamais », déclarent les maris raisonnables ; d'autres, trop nombreux, fuient même leurs responsabilités financières face aux enfants. S'il fallait emprisonner tous les pères qui se soustraient au jugement de cour les obligeant à verser des pensions alimentaires, nos prisons seraient surchargées bien davantage. L'argent est ici l'arme de leur vengeance.

Les femmes financièrement autonomes ne sont pas toutes libérées de cette mentalité d'entretenues qui fut celle des générations de l'avant-féminisme. Et c'est justement quand surgit le conflit qu'éclate le paradoxe : « Il gagne plus que moi, j'exige une pension alimentaire pour compenser la différence. Je ne vois pas pourquoi je changerais de standing parce que monsieur a décidé comme cure de jouvence d'aller vivre avec une fille de trente ans. » Madeleine, cinquante-cinq ans, a toujours travaillé comme secrétaire médicale. Femme de médecin, elle entend le rester socialement, croyant sans doute que, partageant le lit d'un docteur en médecine, elle partageait pour toujours son diplôme. Cet état d'esprit est relayé fréquemment par les jugements de cour, confirmant ainsi les demandes de ces femmes. Mais légalité et légitimité ne se confondent pas obligatoirement. Dans une démarche d'émancipation et d'autonomie, est-il bien légitime d'accepter une dépendance financière sous prétexte que le niveau de vie qu'une femme a connu grâce au revenu d'un homme doit lui être assuré à vie ? Par exemple, quand il n'y a plus d'enfants à charge et qu'une femme possède un métier, moins lucratif que celui de l'homme, pourquoi ce dernier devrait-il assumer la différence de revenu ? « Pas pour moi, question de dignité », affirme Paule, une enseignante. A quarante-huit ans, elle se retrouve seule, son mari ingénieur l'ayant quittée après vingt-cinq ans de mariage. « Nous avons tout partagé à égalité. Les amies ont bien tenté de me convaincre d'exiger la maison en entier. J'ai refusé net. Je trouvais humiliant de réclamer de l'argent d'un homme simplement pour lui faire payer sa décision de partir. C'est déjà assez mortifiant d'avoir été rejetée au profit d'une plus jeune. » Paule est une exception. Rares sont les femmes capables de rompre ainsi le cordon de la bourse. Rares sont celles qui acceptent que le sentiment amoureux ne contienne pas l'obligation de la prise en charge financière. Peut-être les très jeunes, qui inaugurent à cet égard un autre mode de relations, arriveront-elles plus facilement à cette « libération » ? Encore une fois ici, les psychanalystes pourraient éclairer plus justement ce rôle de l'argent dans la dynamique des couples.

Nous expliquer par exemple l'attitude de ces femmes privilégiées qui gagnent de l'argent, beaucoup d'argent, et qui en disposent avec une légèreté qui laisse à penser qu'un malaise les habite, un sentiment à la fois de culpabilité et d'illégitimité. « C'est fou à dire, avoue Nicole, mais j'ai le sentiment étrange que, cet argent, je n'y ai pas droit. Comme si je l'enlevais à quelqu'un qui le mériterait davantage. » A un homme ? « L'idée m'a frôlé l'esprit mais j'ose à peine l'admettre. Est-il possible qu'au fond, nous, les nouvelles pourvoyeuses à égalité avec les hommes, nous ayons l'impression de les déposséder d'un trésor qui leur revient en propre – je n'ose pas dire : de droit divin ? » Et pourtant, ce sentiment de spoliation de l'homme, il est aussi présent dans les témoignages de femmes de milieu modeste. L'on ne rompt pas impunément et aisément avec des siècles d'éducation...

« Je suis une affranchie à mentalité d'entretenue, assure une architecte battante qui n'a pas perdu pour autant son sens de l'humour. Si j'étais honnête, j'admettrais que je trouve inacceptable de partager avec mon mari les frais du ménage. Cela m'horripile d'avoir à payer chaque mois la moitié des factures. Pourtant nos revenus sont à peu près les mêmes. Mon argent, je voudrais en disposer comme bon me semble. M'offrir des tailleurs qui coûtent des fortunes, me payer des cures dans les centres les plus dispendieux. Faire des cadeaux extravagants. Je vois encore mon père dans les magasins avec ma mère. Elle mettait la marchandise sur le comptoir et, lui, il mettait la main dans sa poche. Cette image, j'en rêve... » Pourtant, cette femme et tant d'autres ne veulent pas revenir en arrière. Elles expérimentent avec difficulté la mutation – car c'en est une – de la vie amoureuse de cette fin de siècle. Certaines s'inquiètent même des conséquences de leur indépendance financière, découvrant qu'elles sont loin d'être psychologiquement libérées de l'ancien modèle : « Mon insécurité face à mon mari est telle que je pense parfois que gagner ma vie me rend davantage vulnérable. Le jour où il aura la tentation de me quitter, il n'hésitera pas car il ne pourra pas se dire : Je ne peux pas lui faire ça, elle va se retrouver dans la rue, complètement démunie. Je me décourage moi-même d'avoir pareilles pensées. » Qui pourrait croire que cette Martine de trente-huit ans, au métier lucratif et intéressant dans la communication, qui sait commander et foncer dans le travail, vit sa relation affective en étanchéité avec sa vie professionnelle ? Il n'est donc pas juste de penser qu'accéder à l'argent par le travail libère comme par miracle les femmes. Cela rompt l'équilibre entre les sexes et déstabilise les hommes et les femmes, du moins dans un premier temps. Cette rupture ne ressemble pas aux autres. Le pouvoir de l'argent est investi d'émotions trop lourdes, trop secrètes et trop fortes pour que l'on puisse tourner la page sans drame pour le couple. En période heureuse, l'argent fait déjà problème ; lorsque les tensions surviennent, il sert d'huile sur le feu.

La majorité des femmes qui gagnent leur vie ne voudraient donc pas retourner en arrière, même celles pour qui le travail n'est ni un choix ni un plaisir, encore moins un épanouissement personnel. Car elles comprennent toutes, avec la même acuité, que, si ce pouvoir ne les rassure pas obligatoirement sur elles-mêmes, il leur renvoie des hommes une image nouvelle et définitive ; il démystifie leur puissance.

« J'ai compris pourquoi j'avais aimé mon mari le jour où j'ai cessé de l'aimer, dit Lise, trente-six ans, deux enfants, qui fait des ménages pour gagner de quoi faire vivre sa famille. J'aimais mon mari parce que je le respectais et je le respectais parce qu'il nous faisait vivre. Il est au chômage depuis deux ans. A la fin de la première année, je n'étais plus capable de faire l'amour avec lui. Je faisais semblant pour ne pas l'humilier davantage mais je ne le désirais plus. J'en avais pitié. J'ai honte. Je me trouve épouvantable d'éprouver des sentiments aussi bas. Je ne peux m'enlever de la tête qu'il aurait dû se battre davantage. Du moins ne pas se résigner à son sort. » Lise n'est pas une exception et pose – de façon extrême, il va sans dire – le problème vécu par un nombre croissant de couples. A quoi sert l'homme s'il n'est plus pourvoyeur ?

Dans le passé, les maris qui refusaient à leur épouse le droit de travailler agissaient sous la pression sociale. Du moins, le croyait-on. « Pas question que je passe aux yeux de tout le monde pour un incapable qui ne peut pas faire vivre sa famille », disaient d'une seule voix les *paterfamilias*. Mais une autre raison, moins claire et moins chevaleresque, se cachait derrière le principe. La femme qui attend le salaire de son mari, qui compte sur lui pour s'acheter les objets de ses désirs et de ses plaisirs, est une femme sous surveillance. A la moindre incartade, on peut la rappeler à l'ordre, lui demander des comptes, au propre et au figuré.

En partageant les frais, le couple est en état de négociation permanente, où les gestes et les responsabilités sont chiffrables. Toute tension, normale par ailleurs, se vit désormais dans l'égalité : « Si tu veux changer de voiture, paie-la toi-même, dira la femme. Je refuse de contribuer à l'achat d'un caprice. L'auto que nous avons me satisfait. » Les désirs et les plaisirs des hommes passent maintenant par la volonté des femmes. « Il était temps », disent-elles, soulagées. Vrai. Mais beaucoup de femmes ne résistent pas au plaisir d'exercer leur nouveau pouvoir avec un arbitraire qui ressemble à une douce vengeance. D'où le sentiment d'inutilité des hommes, qui en pousse plusieurs à abandonner toute espèce de responsabilité au moment d'une rupture : « Tu paies, tu décides, tu n'as plus besoin de moi. Je me tire. » Voilà résumée la fuite masculine qui laisse tant de femmes, tant de mères surtout, dépourvues de moyens financiers. En affichant leur irresponsabilité matérielle, ils ont l'impression de se faire justice eux-mêmes. Ils retrouvent par la négative le pouvoir perdu puisque, à leurs yeux, ce pouvoir ne se partage plus. « J'étais le maître, je commandais le respect, je payais. » Pourquoi payer, en effet, si l'on perçoit l'autonomie ou, à tout le moins, l'apport financier de la femme comme une remise en question de l'identité mâle ? Alors ils démissionnent de leurs responsabilités masculines, maritales, paternelles, et le nombre de femmes « monoparentales » (comme les désignent les statistiques) croît avec cette triste désertion des pères. En refusant d'y pourvoir, ils redeviennent des maîtres tyranniques et retrouvent ce qu'ils croient être leur virilité originelle, où l'argent leur tient lieu de phallus.

La plupart des hommes ne désertent pas, même si la tentation les effleure. Ils restent présents et négocient leur sortie. Avec des femmes qui jouent parfois sur les deux tableaux. Qui tiennent le discours féministe de l'égalité avec eux alors qu'elles les ont proprement détroussés. Les États-Unis et, en Europe, l'Allemagne sont à cet égard l'exemple repoussoir, avec ces règlements de divorce où les épouses obtiennent une partie des gains passés et à venir des conjoints malchanceux ; ce qui tend à confirmer, pour le plus grand bonheur de Jean-Paul II sans doute, qu'on est vraiment mariés pour la vie. Parfois, les rôles sont inversés et les époux (hommes « roses » ou « fayots », cela va de soi) deviennent les bénéficiaires de leurs conjointes. Des couples homosexuels se retrouvent aussi devant le juge, qui doit trancher si monsieur-au-foyer doit recevoir une pension de monsieur-au-travail. Monsieur-au-foyer, bénéficiant des acquis du féminisme, obtient souvent satisfaction.

Cette mentalité d'entretenue, qui persiste chez beaucoup de femmes se croyant par ailleurs autonomes, repose sur l'éducation qu'elles ont reçue petites filles : « Trouves-en un riche. Fais-le dépenser. Plus il te donne de cadeaux, plus il te prouve son amour. » Des générations de filles ont reçu ce conseil sur les genoux de leur mère. « Les femmes coûtent cher, sois prudent. Évite de tomber amoureux d'une gaspilleuse qui va jeter ton argent par les fenêtres », ont raconté, pour leur part, les pères aux fils au cours de leurs conversations « d'homme à homme ». La générosité n'a jamais eu le même sens au masculin et au féminin. On dit d'une femme qu'elle est généreuse quand elle donne de sa personne, alors qu'un homme généreux est celui qui donne le fruit de son travail.

L'indépendance matérielle, les femmes la vivent

face à des hommes qui ne l'avaient, encore une fois, ni prévue ni souhaitée. Les avantages sont tangibles : bouclage du budget, aisance appréciable, superflu possible. Les inconvénients, de taille, ne sont pas comptabilisables. Ils touchent plutôt le couple dans son intimité ; par exemple, l'impression étrange qu'éprouve l'homme face à une femme dont il ne sait plus, selon les critères anciens, pourquoi elle reste à ses côtés : « Quand je la vois partir le matin, affairée, entendant à peine ce que je lui dis, m'effleurant les lèvres distraitement, je pense qu'au fond je ne suis qu'une fantaisie passagère. Un jour, elle en aura marre. Cette impression est décuplée lorsqu'elle rentre les bras chargés et qu'elle déballe les vêtements qu'elle s'est achetés, quand ce ne sont pas des bijoux. Toutes ces choses que j'aurais dû lui offrir moi-même. Intellectuellement, j'accepte la situation mais, intérieurement, je me sens insécurisé. Qu'est-ce que je lui apporte ? Qu'est-ce qui la retient ? Les rares fois où j'ose lui poser la question, elle éclate de rire en me disant que je suis bête. » Paul a trente-huit ans et vit avec Josée depuis six ans. Le couple ne souhaite pas avoir d'enfants, Josée surtout, et c'est peut-être l'explication de la vive inquiétude de Paul. Si elle ne désire pas d'enfants et par ailleurs s'offre tout elle-même, que peut-il lui apporter de plus ? Il vit donc un amour en sursis, convaincu d'aller vers une rupture dont elle aura décidé le jour et l'heure.

Cette crainte d'être quittés parce que leur femme gagne sa vie, beaucoup d'hommes l'éprouvent de nos jours, ce qui tend à prouver que le rôle de pourvoyeur représentait pour eux une assurance sur la durée de leur vie de couple. L'inverse ne se vérifie pas. Au contraire, la femme pourvoyeuse, de qui dépend l'homme ou qui gagne un salaire nettement supérieur au sien, ressent une culpabilité qui l'insécurise. Cette culpabilité repose sur le sentiment confus, inavouable et inavoué, qu'elle dépossède l'homme de sa capacité de la protéger. La vulnérabilité de la relation amoureuse est telle que la moindre tension est un présage de rupture. Car l'homme en situation d'inégalité retrouve naturellement les vieux réflexes du mâle stéréotypé : le poing sur la table, les portes qui claquent et l'argument d'autorité. Or, sa parole d'autorité, sans le pouvoir de l'argent qui en était indissociable, est devenue une coquille vide.

Follement amoureuse, Jeanne, comptable, avait accepté pour deux ans d'assumer seule les dépenses du couple afin de permettre à Louis de terminer une maîtrise en sciences. « Je rentrais le soir et je le trouvais affalé devant la télé, une bière à la main. Si j'avais une demi-heure de retard, il me demandait des explications. Jour après jour, il devenait plus dépendant de moi. J'en ai eu assez de jouer à la mère. Il faisait l'amour comme un dieu mais, entre les extases, il me fallait travailler pour deux. D'ailleurs, je me suis rendu compte que mon désir pour lui diminuait au fur et à mesure qu'il me décevait. » Quand Jeanne lui a demandé de partir, Louis a refusé net. Elle ne pouvait s'en débarrasser comme d'un objet, a-t-il déclaré. Il avait besoin d'elle. « Il n'avait pas besoin de moi justement. J'avais l'impression qu'en dehors de la sexualité il ne m'apportait plus rien. Ni compréhension, ni attention, ni sécurité surtout. »

Les hommes, au contraire, se sont toujours rassurés sur eux-mêmes en payant pour les femmes. Et loin de nous l'idée que le rôle de pourvoyeur ne sert qu'à dominer. Il y a, dans cette prise en charge d'hommes reconnaissants et responsables, un côté protecteur. Dans l'ancienne relation hommes-femmes, où les rôles des uns et des autres étaient immuables, assurer la sécurité matérielle du couple représentait pour le mari le témoignage de son appréciation de la femme qui prenait soin de lui et de son foyer. En enlevant à celui-ci la possibilité d'exprimer de la sorte son attachement et en modifiant elle-même radicalement son rôle, la femme le plonge dans le désarroi. Ils sont nombreux à ne pouvoir établir de liens amoureux avec des femmes qui gagnent davantage qu'eux. Certains s'avouent même incapables d'aller au lit avec une femme plus argentée : « J'ai vécu une aventure de quelques mois avec une femme d'affaires dont les revenus représentaient sans doute cinq fois les miens. Elle était drôle, sensuelle, intelligente, mais sa générosité m'étouffait. Elle m'offrait des cadeaux que je ne pouvais pas lui rendre. J'ai vite ressenti ce décalage comme insupportable et insurmontable. Je suis peut-être macho, mais l'idée qu'elle payait la note d'hôtel a fini par me faire débander. » Tous n'ont pas la clarté de parole d'Yves, administrateur à l'aise, la petite trentaine sportive et sans préjugés, qui exprime pourtant cette incapacité de tant d'hommes à vivre ce renversement des rôles.

Les femmes affranchies, telle Jeanne, qui se retrouvent financièrement seules responsables par choix ou par hasard, ont également du mal à effacer l'image de l'homme dont la protection s'étend à la vie matérielle. Les hommes riches, c'est bien connu, produisent un effet aphrodisiaque sur beaucoup de femmes, qui trouvent apparemment une source d'érotisme dans l'écart entre leur compte en banque et celui de leur « trésor ». Si la majorité des femmes n'ont jamais eu d'Onassis dans leur vie et n'en ont point souhaité, cela ne signifie guère qu'il leur est facile d'accepter d'inverser les rôles, c'est-à-dire d'avoir un homme à charge. Même les plus libérées d'entre elles vivent mal cette substitution des rôles traditionnels, ce qui tendrait à démontrer que, hommes ou femmes, rares sont ceux capables de vivre dans un rapport d'égalité dont l'argent est un des éléments clés. Les femmes qui traitent de « machos » et d'« impuissants » les hommes qui ne tolèrent pas la dépendance financière devraient qualifier d'« aliénées » et de « traditionnelles » celles qui se déclarent inaptes à jouer les pourvoyeuses à temps plein. En interchangeant leurs rôles, c'est la relation intime entre les sexes que l'on a ébranlée. Les femmes savent que, par moments, les hommes éprouvent le besoin de se sentir forts et courageux face à elles afin qu'elles leur renvoient cette image d'eux-mêmes dans les moments de doute. Les femmes, elles, attendent des hommes qu'ils les rassurent par des gestes et des paroles afin d'atténuer l'insécurité rattachée à l'amour. Il est vrai qu'elles espèrent cadeaux et autres gâteries, autant de preuves tangibles de l'amour. L'indépendance financière, en leur permettant de s'offrir elles-mêmes ce que jadis elles espéraient du bon vouloir masculin, n'a pas effacé ce désir qui est, en fait, un besoin. « Quelle envie peut-on avoir de donner des cadeaux à des femmes qui peuvent se les offrir tous les jours ? », s'interrogent ceux qui s'entourent de femmes dépendantes, prêtes à renier le combat des femmes pour l'égalité afin de plaire à celui qui jette son dévolu sur elles. « Pourquoi s'offrir des cadeaux dans une relation comptabilisée à 50-50 ? », se demandent ceux pour qui le cadeau était une manière de récompenser la femme pour sa dépendance.

Au fond, l'accès des femmes à l'argent a fait plus que briser une relation de dépendance, plus qu'offrir la liberté de partir ; la relation amoureuse se trouve dépouillée de contraintes autres que sentimentales. « Je reste avec toi parce que je t'aime, seulement parce que je t'aime », peuvent clamer les femmes autonomes. « Ma vie, je la gagne, mon cœur, je l'offre » serait le slogan de l'amour au féminin en cette fin de siècle. Hélas, la réalité ne se concentre pas dans un slogan. Le partage de l'argent ne fait pas obligatoirement le bonheur du couple. Il complique les rapports en bousculant les rôles, renvoyant aux hommes l'image de leur inutilité et culpabilisant les femmes, peu préparées à exercer ce pouvoir. Les uns et les autres se sentent parfois honteux des sentiments qu'il provoque en eux. Face à l'argent, ils se révèlent, se dénudent malgré eux, et cette impudeur, impossible à cacher, les plonge dans le malaise.

L'époque de la femme tendant la main vers l'homme est révolue. Mais cette dernière se rend compte, non sans douleur, qu'il y a un prix émotionnel à payer pour avoir accès à cette liberté jadis masculine. La tentation est grande de jouer sur les deux tableaux. De laisser les hommes s'occuper des basses contingences matérielles et d'utiliser le nouveau pouvoir monétaire comme un instrument de chantage alors qu'il est avant tout la voie obligée vers l'égalité et la dignité. « J'ai revu une amie d'enfance récemment. L'après-midi, elle joue au tennis, va au cinéma, prend le thé avec des copines. Elle a exigé, pour ses quarante-cinq ans, que son mari transfère à son nom leur propriété de campagne. Elle se dit féministe et ne comprend absolument pas pourquoi je travaille comme une folle. ''On peut être féministe et femme au foyer'', a-t-elle dit. Que fallait-il lui répondre ? », demande Ève, une autre superwoman épuisée d'avoir mené tous les combats. Envie-t-elle son amie ? Voudrait-elle être à sa place ? « Pour quelques jours, sûrement », répond celle qui sait, comme tant d'autres, qu'aimer la liberté, ça aussi, ça se paie.

3

Conquérantes de tous les pays

« Mais pourquoi le quitter ? Pierre est charmant, délicat, galant... – Il est trop sentimental. Moi, ce que je veux, c'est baiser. Lui ne cesse de me parler de nous, du couple qu'on pourrait former. Cela m'assomme. » La quarantaine assez avancée pour avoir laissé au vestiaire une grande partie de sa pudeur, France est une femme de carrière, autonome et libérée ; libérée, à vrai dire, contre son gré, par un mari qui l'a quittée après vingt-cinq ans de mariage et deux enfants adultes. Aujourd'hui, elle revendique le droit à la parole crue et à la sexualité sans attendrissement. Elle rejoint le clan de ces nouvelles femmes, ces conquérantes sans peur ni culpabilité apparentes qui n'ont rien à envier aux hommes du même type. France est une battante qui retrouve chaque soir un appartement luxueux, mais vide de présence masculine. « Contrairement à tant d'autres, ça n'est pas moi qui me plaindrai de la solitude. Je préfère cent fois être seule qu'avoir constamment un homme sur le dos », répète-t-elle, comme un leitmotiv. Peut-on vraiment la croire ?

Comme prévu, elle a cependant donné son congé à Pierre. « Il s'est effondré. Aucun amour-propre », ajoute-t-elle, l'air déçu. Dans les jours suivants, elle a trouvé le « mâle à baise » et déclare, le sourire aux lèvres : « Je suis satisfaite mais, pour l'échange intellectuel, c'est un peu court. » Sa vie est devenue compartimentée, sur le modèle masculin qui fait souffrir tant d'autres femmes. Pierre n'a pas accepté la rupture et a téléphoné aux amies de France en pleurant. Chacune l'a écouté, consolé et plaint comme elles l'ont toujours fait par le passé, à cela près que, avant, les éplorées étaient les femmes.

France et Pierre incarnent le revirement actuel. Certains croient que c'est le monde à l'envers. La plupart des femmes refuseront de se reconnaître dans ce chapitre. Et pour cause... le machisme au féminin est un phénomène nouveau, marginal, mais qui ne se limite pas à l'Amérique du Nord comme plusieurs, des Européens en particulier, aimeraient à le croire. A preuve, ces boîtes de nuit pour femmes dont l'entrée est refusée aux hommes seuls, qui sont nées aux États-Unis et au Canada, mais qu'on retrouve maintenant en Angleterre et en Espagne tout particulièrement. Dans ces boîtes s'exhibent, presque nus, pour le plaisir des dames, des *go-go boys*. Les clientes y viennent en groupes et s'amusent ferme. Elles rient à gorge déployée et ne baissent pas les yeux devant les contorsions provocatrices des garçons qui s'agitent vaguement sur scène. Il est même possible de convoquer à sa table, pour qu'il exécute son art, celui sur lequel on a jeté son dévolu. Juché sur un tabouret afin d'avoir le sexe à hauteur du visage de la cliente, le *go-go boy* se déhanche avec force ou langueur selon sa personnalité. A la fin du numéro, la femme glisse dans son slip – un triangle isocèle sur le sexe et un string entre les fesses – un billet de banque. A noter que, au Canada, les dollars portent l'effigie de la reine Elizabeth II, qui serait la première étonnée de se savoir à proximité d'un sceptre si particulier.

Dans ces lieux surprenants, la plupart des femmes se retrouvent entre amies. Il y a des secrétaires, des agricultrices, des membres de cercles féminins, bref, des femmes de milieux divers, bonnes épouses et mères de famille dont les activités mondaines se partageaient jadis entre le bénévolat et les organisations religieuses et sociales. Le plaisir qu'elles y prennent n'a rien d'innocent et démontre éloquemment qu'elles sont, à la manière des hommes, des consommatrices d'objets sexuels. Le plus troublant, ce sont ces femmes seules, visiblement habituées des lieux, qui n'ont de cesse de ramener à leur table celui qui les excite. Au Canada, le règlement interdit de toucher le danseur ; celles qui ne résistent pas à la tentation sont menacées d'expulsion par les videurs. En Espagne, au contraire, les femmes ont tout le loisir de caresser le corps du *go-go boy* de leur choix. Et elles ne s'en privent pas.

Exemple marginal ? Certes. Mais les temps changent. Les statistiques américaines révèlent que 30 % des consommateurs de films et revues pornographiques qu'on trouve dans le commerce sont des femmes. L'Europe est-elle différente ? Que racontent donc les femmes italiennes et françaises dans les *reality shows* lorsqu'on les interroge sur leurs pratiques sexuelles ? Qui n'a pas lu, avec surprise, sinon stupéfaction, les messages personnels de femmes contenus dans les magazines et journaux intellectuels français où la pornographie est rebaptisée « érotisme » − façon de mettre le cul en ascension esthético-sociale ?

Donc, autres temps, autres mœurs, qui contredisent l'affirmation relayée par un certain discours féministe visant à prouver que la pornographie est l'affaire exclusive des hommes. La révolution sexuelle, vécue en parallèle avec le combat féministe, a eu raison des stéréotypes féminins. La vertu, la pudeur, la modestie ne sont plus l'apanage des femmes. Le féminisme a aussi libéré la parole. Certaines n'hésitent plus devant la grivoiserie et les mots crus, l'égalité des sexes, pour elles, passant aussi par le vocabulaire. Les séductrices d'antan enveloppaient leur désir de conquête dans une attente fiévreuse ; elles revendiquaient l'amour. Les conquérantes d'aujourd'hui exigent l'orgasme d'abord et ensuite construisent les garde-fous à l'intérieur desquels se vivra la relation. En Europe, le modèle américain est un repoussoir et il est vrai qu'en France, par exemple, la volonté est forte de protéger à tout prix le rapport de séduction entre les sexes. Mais le phénomène est partout vérifiable. Des femmes, beaucoup de femmes, si elles n'ont pas, comme les plus radicales, lancé leur soutien-gorge au panier, se promènent pilule et, depuis peu, préservatif dans leur trousse de maquillage. Leur sexualité est devenue, par la force des choses, active ; elles prennent l'initiative et plusieurs passent à l'offensive. De quoi déstabiliser le plus viril des séducteurs, car les hommes ne semblent pas encore préparés, même avec la menace du sida, à trouver des capotes dans le sac des femmes.

Il y a quelques années, les femmes de toutes les capitales occidentales applaudissaient aux exploits de l'héroïne du film américain *Liaison fatale*, l'histoire d'une bombe sexuelle harcelant sans relâche, jusqu'à la tragi-comédie, un pauvre homme qui avait eu la mauvaise idée de passer un week-end torride en sa compagnie. Les spectatrices hilares se réjouissaient non seulement parce que la vertu triomphait, l'homme retournant, paniqué, dans les bras de sa douce épouse, mais parce qu'une femme, enfin, poursuivait le mâle. Toujours aux États-Unis, véritable laboratoire en ce domaine, la psychologie des adolescentes s'enrichit d'un nouveau phénomène. Des petites n'ont de cesse de poursuivre de leurs avances explicites les jeunes mâles apeurés, à peine pubères. Au point que des thérapies spéciales s'offrent aux harceleuses en fleurs, certaines, plus excessives, ayant menacé de mort ceux qui leur résistaient. Un joli footballeur de quatorze ans, baraqué comme une armoire à glace mais encore visiblement ébranlé, est venu raconter à la télévision les assauts répétés d'une gamine de treize ans qui avait décidé de le faire craquer. Malheureusement pour elle, il est resté de glace. Seuls ses nerfs ont craqué. Cas extrême ? Certes. Mais pareille situation aurait été impensable, même aux États-Unis, il y a vingt ans.

Des exemples plus « normaux » ? On en trouve en particulier dans les milieux dits « libéraux », où les filles sont éduquées dans la négation des différences sexuelles. Des mères d'adolescents de douze, treize ans sont les témoins quotidiens de messages téléphoniques répétés de filles du même âge qui, avec un cran et un sans-gêne désarçonnants, s'adressent au « chéri » pour l'inviter à des soirées auxquelles il refuse d'aller, trop jeune sans doute pour affronter ces amazones. Il faut les entendre demander à travers le répondeur si le « chéri » souhaite qu'elles portent la « mini ou le collant ». Ces petites foncent. Elles n'ont plus froid aux yeux ni aux mots. Mais une telle rupture avec l'attitude réservée des filles d'antan n'est-elle pas une triste répétition du comportement macho si longtemps décrié ? Ces adolescentes désignent leurs « victimes » comme le chasseur choisit sa proie, emportées par des pulsions mal contrôlées qui les feront vite souffrir. Désolant alors de voir des femmes sourire et crier victoire devant ces conduites : « Les hommes se sont toujours comportés ainsi, pourquoi les femmes s'en priveraient-elles ? », disent celles qui trouvent des vertus particulières à battre les hommes sur le terrain de l'agressivité et de la brusquerie.

D'autres draguent plutôt que d'attendre des princes charmants dont elles savent, en femmes rationnelles, qu'ils appartiennent aux livres de contes. Dans les bistrots, les lieux touristiques, les aéroports, elles espèrent, à l'affût du regard mâle un peu soutenu, la main sur la trousse de beauté, parées à toute éventualité. Elles ont foi dans les coups à tirer plutôt que dans les coups de foudre, elles misent sur l'attraction des corps plutôt que sur l'attirance des âmes, citant par cœur les statistiques sur l'échec du couple en Occident. Consommer au moment où l'objet se présente, ne perdre ni l'occasion ni le temps, Dieu sait ce qu'il adviendra demain, telle est leur loi.

Les confidences entre femmes à cet égard feraient sursauter plus d'un homme. Et les dragueuses, contrairement à leurs vis-à-vis mâles, ne se vantent pas : ce qu'elles racontent est toujours l'exacte vérité. Or, ce besoin de mettre en mots leur libertinage ressemble souvent à de l'autodévalorisation, une réaction bien féminine. Pourtant, elles ont le sentiment de prendre leur revanche sur les hommes : ceux qu'elles ont aimés et qui ont fui, ceux qu'elles voudraient aimer et qui s'évaporent. Ces femmes de trente, quarante ans, éduquées à l'ancienne manière, ont passé leur jeunesse à se morfondre devant un appareil téléphonique qui restait muet ou à s'épuiser, de fausse joie en déception, lorsque enfin la sonnerie retentissait et que la voix n'était pas celle espérée. « J'ai fini d'attendre les coups de fil, c'est moi qui appelle. Si cela le fait déguerpir, tant pis, de toute manière, pour moi, les hommes sont devenus interchangeables », raconte une de ces collectionneuses de mecs, trop heureuse momentanément de ne plus dépendre du bon vouloir et de l'horaire d'un homme. En prenant l'initiative, elles gardent le contrôle de la relation. Elles sont dans un rapport de force et ne s'en cachent pas. Si la situation se complique, si l'élu du moment – cela arrive – devient trop pressant ou qu'elles-mêmes se sentent tout à coup vulnérables, elles rompent aussi prestement qu'elles ont conquis. Pas question de mettre en péril le travail qui les passionne et le cercle d'amis qui les nourrit d'affection.

Ces femmes attirent en général des hommes qui ne risquent pas de les attendrir, des hommes faibles ou velléitaires, grossiers ou insignifiants.

Celles qui préfèrent les jeunes ne s'en cachent guère : « Au-dessus de vingt-cinq ans, ils ne m'intéressent plus », avoue une quinquagénaire bon chic bon genre, faisant par ailleurs carrière dans les antiquités. Aime-t-elle ces jeunes gens à la manière d'une mère ou comme un homme, rassurée, étant donné la différence d'âge, d'exercer un ascendant certain sur l'objet de sa convoitise ? Difficile de trancher. Le libéralisme ambiant permet désormais à ces dernières d'afficher leurs préférences juvéniles sans subir l'anathème, mais il faudrait être naïf pour croire qu'un Premier ministre femme pourrait, ainsi que le fit Pierre Elliott Trudeau à l'époque, épouser un homme de trente ans son cadet sous les applaudissements des foules.

Les conquérantes se savent jugées plus sévèrement et s'en moquent : « On trouve normal de voir un homme brillant avec une idiote, et moi je n'aurais pas le droit de m'afficher en compagnie de mon bel étalon... », proteste une publicitaire à la mode qui n'use certes pas du même vocabulaire avec ses clients. Toutes ces femmes s'appliquent à dissocier désir physique et amour, en gardant cependant en mémoire que les dragueuses aux pattes-d'oie ont peu d'avenir. A ce jeu, certaines finissent par s'épuiser, car les femmes s'y usent plus vite que les hommes, du moins physiquement. Comme si le corps de la femme inscrivait davantage, dans ses courbes et ses replis, les blessures et les déceptions du cœur.

Avant l'avènement de la pilule, les femmes pouvaient toujours se réfugier derrière le danger de tomber enceintes pour refuser les avances de l'homme. Une fois contrôlée la contraception, et sous la pression de la révolution sexuelle – agitation, pensent plutôt certains –, beaucoup de femmes n'ont plus trouvé d'excuses et sont passées à l'acte, si l'on peut dire, sans tenir compte de leur désir véritable. Elles sont devenues conquérantes par défaut.

Devant l'adolescente d'il y a vingt ans, sexuellement affolée et vierge par peur, et l'adolescente d'aujourd'hui, qui planifie son dépucelage et s'offre les garçons comme des trophées, au fond, quelle différence ? De nos jours, à cause du sida, certains parents précèdent le désir de leurs enfants en leur offrant pilules et préservatifs en même temps que l'argent de poche. Comment leur en faire reproche puisque sexe et mort se conjuguent désormais au-delà de ce que Freud a pu nous révéler ? Cette intrusion des parents dans la vie sexuelle de leurs enfants, doublée d'une pression sociale exacerbée par la pub, les médias, le cinéma, incite un certain nombre d'adolescentes à passer à l'acte sans tenir compte de leur désir profond et de leurs besoins affectifs. Plus rares mais bien réelles sont les jeunes conquérantes poussées dans les bras des garçons par des parents qui voudraient revivre leur adolescence par procuration. Ont-ils conscience qu'ils se transforment ainsi en kidnappeurs d'intimité ? Plusieurs conquérantes seraient donc les victimes de valeurs supposées nouvelles que la société n'arrive pas à définir, encore moins à affirmer. Les psychanalystes peuvent expliquer la différence de signification de l'acte sexuel selon les sexes. Est-il pensable que de toutes jeunes filles, au nom d'une idéologie égalitaire (« les filles peuvent tout faire comme les garçons »), réussissent à séparer réellement l'émotion de la sexualité au moment où certains garçons commenceraient à s'éloigner du modèle macho traditionnel ?

Compte tenu des différences physiologiques, il est difficile de ne pas croire que pour la femme, faire l'amour – se laisser pénétrer, plus exactement – la rend plus vulnérable face à l'homme. Faire l'amour, pour elle, n'est-ce pas donner ou perdre un peu de son âme ? Il faut se faire violence pour se convaincre que le prix payé par la femme frivole n'est pas plus élevé que celui que paie le coureur de jupons. A moins de considérer la conquérante comme le prototype de la femme libérée, auquel cas, selon cette logique, il faudrait en conclure que, plus encore que la conquérante, la prostituée, en vendant son corps, s'affranchit de toutes contraintes et incarne l'idéal féministe. Ceux qui défendent l'idée d'une reconnaissance officielle d'associations de prostituées ne pensent pas autrement.

Aux yeux d'un certain nombre de femmes, les conquérantes sont les vengeresses des blessures que leur ont fait subir les hommes. C'est avec complaisance qu'elles assistent aux prouesses de leurs « sœurs » machos, dont elles envient le sang-froid et la brutalité. Elles disent volontiers qu'« il est grand temps que des hommes paient la note et se fassent appliquer leur propre médecine ». Il existe une véritable Internationale des femmes déçues, solidaires, au-delà des barrières culturelles et des frontières, et qui transmettent à leurs filles une vision peu flatteuse de l'homme. Leurs griefs à l'endroit de ces derniers sont souvent justifiés, mais ces mères peuvent-elles, par procuration, se servir de leurs filles pour régler leurs comptes ? « Je m'assure que ma fille ne sera pas idiote comme je l'ai été. Les garçons se bousculent autour d'elle. Elle les encourage tous, va au lit avec quelques-uns, mais ne cède son cœur à aucun. Je suis sa confidente. Elle me raconte tout et nous nous amusons comme des petites folles.
– Votre fille est une consommatrice d'hommes ?
– Exactement, et je suis heureuse qu'enfin les rôles soient renversés. » La mère de la belle Carla, dix-huit ans, est une fonctionnaire milanaise se définissant antiféministe et qui, sa vie durant, a vécu dans l'ombre d'un mari à la carrière prestigieuse. Sans doute a-t-elle eu des amants, mais son

regret le plus vif est d'avoir été incapable de gérer ses relations aux hommes à la manière de ces derniers, en séparant de façon étanche plaisir et émotion.

En ce sens, les nouvelles conquérantes représentent les troupes de choc de l'armée des amoureuses de cette fin de siècle. Elles provoquent l'envie, voire l'admiration de toutes celles qui souhaiteraient leur ressembler mais n'arrivent pas à rompre avec le précieux héritage émotionnel du passé. Or, ces femmes exigent, du même souffle, que les hommes se transforment, accèdent à leurs émotions et abandonnent leurs comportements machistes. Nous ne sommes pas ici à une contradiction près...

Que dire des autres conquérantes, celles qui ont forcé les portes de ces lieux jadis clos pour les femmes : les officines du pouvoir ? L'on a souvent prétendu que le monde du travail serait bouleversé par l'arrivée massive des femmes, que le pouvoir en particulier s'exercerait différemment sous la gouverne féminine. Pour toutes sortes de raisons, plus valables les unes que les autres, l'expérience n'est pas, à ce jour, concluante. Le pouvoir a des règles et quiconque essaie de les transformer s'en éloigne. Le pouvoir implique l'exercice de l'autorité, la compétition et le rapport de forces. Cela laisse peu de place aux qualités dites « féminines » : le maternage, l'empathie, le désir de ne pas froisser l'autre. Plusieurs femmes occupant des postes de responsabilité semblent éprouver de la difficulté à jouer sur tous les tableaux en même temps. Pour parvenir au sommet de la pyramide, elles se délestent de leurs états d'âme, de leurs complexes, de leurs attendrissements. Le pouvoir est leur unique dieu et elles ne se préoccupent pas de savoir où logent les déesses. Peu solidaires de leurs consœurs, ne comptons pas sur elles pour les promouvoir. Elles exercent l'autorité en jouant à la fois des armes féminines et masculines et préfèrent de beaucoup la présence des hommes. Sans ménagements pour elles-mêmes, elles sont dures pour leurs subalternes, surtout lorsqu'il s'agit de femmes. « Je préfère de loin un homme comme patron », entend-on fréquemment dans la bouche de ces dernières. « Froides », « rigides », « intraitables » sont les adjectifs les plus couramment employés pour les décrire. Contrairement à leurs confrères, assurés de retrouver à la maison femme et enfants, elles ont tout sacrifié sur l'autel de leurs ambitions, plusieurs demeurant célibataires ou sans enfant. « Je ne me sens pas frustrée, je n'ai jamais eu la fibre maternelle », dira la présidente d'un groupe industriel qui met un point d'honneur à toujours faire coïncider vacances et travail, entre autres sur les terrains de golf.

L'exercice du pouvoir complique leur vie amoureuse car ce type de femmes – minoritaires, précisons-le encore – fait peur aux hommes. S'ils étaient francs, ils l'admettraient, tel ce jeune cadre de trente-cinq ans : « Comment avoir une érection devant une femme qui peut, d'une phrase, fermer ton entreprise ? » Les femmes, elles, ont toujours été attirées par les hommes de pouvoir, beaux ou laids, séduisants ou repoussants. Elles les trouvent aphrodisiaques. Il faudra attendre la création de l'« homme nouveau » pour que le contraire s'applique. Il faudra surtout reprendre l'éducation des sexes sur des bases complètement nouvelles. Conscientes de cette impitoyable réalité, les conquérantes vivent chaque mois avec un sentiment d'injustice le rappel de leur sexe, surtout si les malaises menstruels se répercutent sur leurs activités.

A la manière des hommes de leur entourage, elles considèrent leur corps comme une machine qui doit fonctionner. Elles portent donc une attention particulière à bien l'entretenir par un régime alimentaire et des exercices réguliers. En apparence, elles se comportent de la même façon que les femmes préoccupées de séduire, mais leur objectif à elles est de produire. L'émotion et la sensualité tiennent peu de place dans leur vie ordonnée, rangée et aseptisée. D'une capitale à l'autre, on les reconnaît à leur allure : tailleurs stricts, cheveux stricts, bijoux discrets. Elles ressemblent au fond à leurs collègues masculins, toujours engoncés dans des costumes sévères.

Lorsque le corps flanche, elles ont tendance à avoir les mêmes maladies, dites « psychosomatiques », que les hommes : crise cardiaque, ulcère à l'estomac, etc. La plupart ont accédé au pouvoir sous la pression des mouvements féministes. « Elles sont devenues amnésiques », constate avec tristesse une vieille militante qui a cru que, dans leur sillage, ces femmes en entraîneraient beaucoup d'autres. A preuve que, à confondre réussite personnelle et réussite collective, à affirmer la supériorité morale de la femme sur l'homme, l'on court de déception en déception. Ces conquérantes confirment l'émergence d'un pouvoir au féminin aussi détestable qu'un certain pouvoir masculin. En se comportant comme des machos, avant de trahir la cause des femmes, c'est elles-mêmes qu'elles trahissent. L'avenir se chargera de le leur prouver.

Les plus jeunes de ces conquérantes sont d'une intransigeance qui laisse pantois leurs soupirants ou leur mari. Amoureuse de Thomas, Laurence, vingt et un ans, l'a quitté pendant deux ans, afin d'aller se perfectionner en administration des affaires aux États-Unis. Thomas a bien tenté de s'organiser pour la rejoindre mais elle a refusé net : « J'ai besoin de toute mon énergie pour mes études. De plus, j'en profiterai pour développer des contacts américains. Thomas, présent à mes côtés, va forcément me retenir à la maison. Il n'est pas question qu'il m'accompagne. » Laurence est partie seule, les yeux secs, tout absorbée par le défi qui l'attendait à Johns Hopkins University. L'aime-t-elle ? « Bien sûr que je l'aime, cela ne signifie pas que je doive tout lui sacrifier. On se voit à Noël et durant l'été. Il va m'attendre. » Qu'ajouter devant une telle logique et une telle assurance ? La nouvelle égalité entre les sexes éclate sous nos yeux.

Quiconque a le double de l'âge de Laurence a du mal à comprendre que, dans la fleur de l'âge amoureux, des jeunes filles tranchent si clairement et si froidement ce qui fut de tout temps un dilemme déchirant. Terminé le « Qui prend mari, prend pays » ou alors le proverbe doit être inversé. Ces jeunes conquérantes ont bien du mal à comprendre les héroïnes de cinéma courant en pleurs derrière le dernier wagon. Dans la première étape de leur carrière, elles préfèrent le travail à l'amour, croyant, par volontarisme, que la vie se découpe en séquences d'un film dont l'histoire est écrite à l'avance et ne laisse aucune place à l'imprévu. Petites, elles ont appris à ne pas freiner leurs ambitions et à rejeter tous les obstacles que n'avaient pu surmonter leurs mères. Dans la vie amoureuse, toute concession leur apparaît une démission face au garçon. Elles définissent l'espace, le rythme et l'intensité de la relation pour en assurer le contrôle. Pour le soupirant, « c'est à prendre ou à laisser ». Parmi ceux qui « subissent » la situation – pour combien de temps ? –, certains se considèrent comme les rédempteurs des fautes de leurs machos de pères.

Ces filles, « sans cœur mais sans reproche », vivent l'impossibilité de faire coïncider le grand rêve féministe de l'équilibre entre le travail et l'amour. « Dans le couple, impensable que les deux y trouvent leur compte en même temps. Nos intérêts professionnels s'opposent. Ou c'est lui, ou c'est moi. Actuellement, c'est mon travail qui compte. Je n'ai même pas le temps de partir en week-end, déclare cette jeune interne en voie de spécialisation. Je sens que Paul [ingénieur] est sur le point de me mettre au pied du mur. Les prochaines vacances avec lui ou c'est *out* ! Ce sera *out* ! Je vais le perdre, c'est triste, mais je n'y peux rien. Je n'ai pas fait médecine pour me trouver un mari médecin mais pour le devenir, et l'homme qui m'aime doit accepter cela. » Pour ces conquérantes, l'amour ressemble davantage à une sorte de contrat moral où l'amitié, l'affection et des activités communes tiennent lieu de passion. La sexualité est présente, certes, mais parfois l'on reste confondu devant elles : « Ma fille et son amoureux ont passé une semaine avec nous à la mer. Ils sont gentils l'un pour l'autre mais on ne sent pas de lien érotique entre eux. Et ma fille fait preuve d'une indépendance à l'endroit du jeune homme qui m'impressionne et me choque à la fois. Je l'envie mais, en même temps, je ne comprends pas cette capacité qu'elle a de garder la distance. C'est lui, le pauvre, qui est le plus attentif, l'entourant, prévenant ses moindres désirs. » Cette mère dans la quarantaine qui a vécu sa vie amoureuse en montagnes russes et en passions successives explosives reste désarçonnée devant ces jeunes « qui se comportent comme s'ils étaient en couple depuis vingt ans ». « Et je sens bien que c'est ma fille qui donne le ton. »

La passion amoureuse accapare, perturbe, bouleverse. Dans son tourbillon, elle aspire la raison. Les jeunes conquérantes fuient les distractions, les nuits fiévreuses et les pincements au cœur à la première sonnerie de téléphone. Terriblement sérieuses, elles se sentent illégitimes lorsqu'elles accèdent à un certain pouvoir jadis réservé aux hommes, et alors elles en remettent, selon la règle bien connue qui veut qu'elles en fassent davantage que les hommes qui les entourent. Si leurs mères furent les pionnières en entrouvrant les portes sur les lieux de travail, elles sont, elles, les pionnières d'un ordre amoureux en rupture avec l'héritage passé. La plupart des hommes, même les plus rigides, n'ont jamais eu à faire leur deuil d'une vie affective ou sexuelle, réussissant à trouver des accommodements avec l'épouse à la maison et parfois avec une maîtresse pour l'heure du déjeuner ou la passade en voyage. Certaines de ces filles se dépossèdent de leur sensibilité – « stéréotype féminin », disent-elles avec un quasi-dédain –, refusent l'étiquette féministe – l'idéologie de leurs mères –, et croient quelque part au triomphe de la toute-puissance de leur volonté.

Ces machos au féminin, la plupart des femmes se refusent à leur ressembler et ne se reconnaissent pas à travers elles. Répétons-le, ces conquérantes sont minoritaires, mais on les retrouve en Amérique comme en Europe. Elles sont l'incarnation féminine d'un comportement masculin qu'elles sont les premières à dénoncer. En rejetant le précieux héritage émotionnel rattaché à leur sexe, elles choisissent d'être les orphelines de cette fin de siècle. Si elles élevaient le regard au-dessus de leur ambition, leur solitude leur sauterait aux yeux.

4

L'homme en désarroi

Se pourrait-il que la peur soit devenue le dénominateur commun de tant de jeunes gens et d'hommes mûrs désemparés face à toutes ces femmes affirmées et sûres d'elles-mêmes qui n'acceptent plus de leur céder la place ou de vivre dans leur ombre ? La désertion des hommes, dont se plaignent de plus en plus de femmes, est-elle une réalité ? « J'ai toujours cru que ces joggeurs, le muscle proéminent, le souffle long et régulier, la figure gonflée par l'adrénaline, coupés du monde extérieur par un walkman, qui couraient jadis à l'aube dans nos villes, ne couraient pas après la forme : ils nous fuyaient », affirme Yvette, trente-huit ans, une travailleuse sociale qui se languit le soir et voudrait bien trouver l'épaule réconfortante qui lui ferait oublier ses journées passionnantes mais exténuantes auprès des délinquants.

Déstabilisés dans leur identité – qu'est-ce donc qu'un homme ni macho ni fayot ? –, bousculés dans le travail – de plus en plus de femmes désormais sont leurs égales et il arrivera même qu'elles soient leurs supérieures hiérarchiques –, remis en question dans leur sexualité par des compagnes qui désormais conseillent, suggèrent ou exigent leur plaisir, les hommes se retrouvent spectateurs d'un nouvel ordre des sexes qu'ils n'ont pas souhaité et auquel Maman ne les avait pas préparés.

« Ne perdons pas de temps à les convaincre. S'ils ne comprennent pas ce qui se passe, tant pis pour eux, et pas question qu'on se remette à les materner. On s'est fait avoir trop longtemps », affirment les militantes, qui n'admettent pas que l'on évoque le désarroi des hommes. Pour elles, la cause est entendue. Il y a un combat à mener et l'autre camp est celui de l'adversaire. Plusieurs ont choisi de ne pas vivre avec les hommes, entre autres des lesbiennes et des femmes aux blessures d'amour inguérissables qui trouvent dans l'idéologie féministe les justifications à leur rage et leur rancœur. Mais la majorité des femmes peut-elle rester sourde à ces hommes qui crânent ou qui battent en retraite devant les belles séduisantes et ambitieuses ? Une fille de vingt ans peut déclarer : « Si un garçon ne respecte pas mon indépendance et ma façon de vivre, je le quitte », il sera parti si, arrivée à la trentaine, elle maintient cette attitude intransigeante, et il n'aura pas à partir si la femme de quarante ans proclame ainsi son autonomie car il n'aura jamais osé s'approcher d'elle.

Les relations amoureuses reposent sur un équilibre fragile et délicat. Transformer les rôles traditionnels des hommes et des femmes au nom de l'égalité et de la justice est un acte politique. Il suffit de modifier les lois en espérant que les mentalités suivront. La vie amoureuse est soumise à d'autres lois, secrètes, mystérieuses et imprévisibles. Il n'y a pas de solution féministe à l'élan amoureux. Les femmes, en amour, peuvent bien tenter de changer les règles du jeu, c'est leur droit, mais encore faut-il que les hommes leur emboîtent le pas. Or, ces derniers n'ont désiré aucun des changements survenus et n'en ont pas pris l'initiative. S'ils ont consenti, peu à peu, sous la pression, à céder de leur pouvoir politique et social aux femmes, plusieurs appréciant même le nouvel ordre des sexes qui en découle, il en est autrement dans leurs rapports intimes. On a beau les secouer, passer à l'offensive, les mettre au pied du mur, ils se braquent, s'esquivent et, dans trop de cas, abandonnent la partie. A Rome, à New York, à Paris, à Montréal, toutes entonnent la même litanie : « Il n'y a plus d'hommes disponibles. Ou ils sont mariés, ou ils sont homosexuels, ou effrayés, et dans ce cas ils fuient l'engagement amoureux. » Avant que le choc des multiples bouleversements soit absorbé, que les hommes se relèvent à la manière des boxeurs groggy, des générations de femmes libres, libérées, auront été sacrifiées et renvoyées à leur solitude.

L'attirance mystérieuse d'un sexe pour l'autre repose non pas sur l'égalité mais sur la complémentarité dans la différence. En voulant transposer dans la vie intime cette égalité des sexes, on rompt l'équilibre fragile de l'amour et on plonge les hommes dans l'inconnu, forcés qu'ils sont de redéfinir leur virilité. Au nom de l'idéologie féministe, des femmes peuvent bien affirmer que sexuellement, désormais, elles prendront l'initiative de l'approche et passeront à l'offensive – « chacun son tour » –, encore faut-il une réponse physiologique de l'homme. Sur le plan social et politique, les hommes perdent peu à peu de leur pouvoir au profit des femmes, mais doit-on obligatoirement leur faire perdre leur puissance ? Bref, si l'on prend symboliquement pour cible le pénis en érection, il ne faudrait pas s'étonner que les plus sensibles baissent pavillon ! Aux États-Unis, le radicalisme en la matière n'ayant pas de limites, la position du missionnaire, voire l'érection ont été classées « instruments de domination mâle » dans des ouvrages parfois publiés par les presses des meilleures universités... Il reste que la déstabilisation des relations amoureuses dans la foulée du féminisme provoque une anxiété particulière chez les hommes, surtout parmi les plus jeunes. Il ne faut pas s'étonner du nombre de jeunes gens qui se lancent dans le sport à corps perdu – l'expression trouve ici tout son sens –, assurés de retrouver dans ce domaine protégé les vieilles valeurs rassurantes du passé.

« Un petit garçon, ça ne pleure pas », ont répété les mères pendant des siècles à leurs gamins lorsque ceux-ci revenaient en larmes après avoir reçu une raclée. Mais les temps changent, et voilà que l'on fait reproche aux hommes de fuir l'émotion. Aux États-Unis, durant la guerre du Golfe, le président Bush n'a pu retenir ses larmes lors d'un discours à la nation, au moment où il parlait du courage des jeunes militaires. Sondages en main, les médias ont décrété que l'épanchement présidentiel était électoralement rentable car l'opinion avait apprécié cette marque de sensibilité que d'autres qualifieraient de « larmes de crocodile ». L'ancien président Carter a dû, lui, verser une larme de regret, s'étant fait reprocher durant tout son mandat des sanglots qu'il avait eu la « faiblesse » de laisser échapper en public au moment de l'affaire des otages américains en Iran. Le jour ne semble donc pas loin où les hommes politiques pratiqueront l'art du sanglot pour attendrir les foules et s'assurer d'une remontée dans les intentions de vote. Mais les femmes sont-elles si sûres de vouloir vivre avec des hommes qui pleureront comme elles et qui auront des « états d'âme » au premier chagrin alors qu'elles-mêmes s'éloignent de l'émotion pour mieux contrôler la réalité ?

Les adolescents d'aujourd'hui ne peuvent plus compter sur le modèle du papa pour définir leurs relations aux filles. Ces dernières exigent d'être traitées en égales et ceux qui chantent trop fort *cocorico* devant elles provoquent sourires et haussements d'épaules. Leur désir d'être aimées, réel et intense, n'empêche pas les jeunes filles de rabrouer les garçons qui seraient tentés de les considérer acquises, comme au bon vieux temps. Mais les demandes des ingénues sont contradictoires, si bien que les séducteurs en herbe sont à la recherche permanente de la bonne attitude – ce qui ajoute à l'insécurité inhérente au sentiment amoureux.

La mère de Philippe, seize ans, se désespère devant les chagrins d'amour de son fils. Féministe convaincue, elle vit la contradiction permanente entre ses convictions et la peine de celui-ci : « Cela fait dix fois en six mois qu'il se fait donner son congé par des petites qu'il adorait. La première l'a utilisé comme professeur de maths et, le jour où elle a appris qu'elle avait réussi son semestre, elle lui a dit carrément qu'elle n'avait plus besoin de lui et que, de toute façon, il était trop sentimental. Et la seconde l'a plaqué quand il s'est cassé la jambe, deux jours avant les vacances de ski où il devait l'accompagner. Je l'ai trouvée dure. Elle aurait au moins pu attendre qu'il se rétablisse. » Cette mère, qui a élevé son fils dans le respect des filles – respect de ce qu'elles sont, de leurs ambitions et de leur autonomie –, expérimente, à travers l'amour maternel, le désarroi masculin.

Les filles de la génération de Philippe ne s'affichent plus féministes, de crainte de faire fuir leurs soupirants, mais un certain nombre se comportent souvent selon le modèle inverse, obligeant ces derniers à une quête d'identité permanente. Elles les souhaitent à la fois machos et sensibles, autonomes et dépendants, dociles et autoritaires, affectueux et indifférents. « Elles nous accusent de tous les maux de la terre, mais il faut les voir faire les belles devant les rockeurs et les durs à cuire. Les filles, je ne les comprends pas, je ne sais plus ce qu'elles veulent », admet Paul, seize ans, une tête d'ange et une pudeur qu'on attribuait jadis aux jeunes filles.

Des garçons comme Paul, il y en a plus qu'on ne le croit de nos jours. Face à ces héritières de la lutte des femmes, fières et indomptables, ils sentent le sol se dérober sous leurs pieds. La plupart des adolescents – en Amérique du Nord, cela est patent –, s'ils ne sont pas aussi déstabilisés, n'ont plus de certitudes absolues face à leur identité. De tout temps, beaucoup de garçons ont traversé l'adolescence avec turbulence, la violence étant trop fréquemment leur mode « naturel » d'expression. Ils n'ont donc pas attendu le féminisme pour devenir délinquants, pour battre les filles ou même se tuer. Or, face à l'augmentation inquiétante du suicide chez les jeunes hommes au Canada – le triste record mondial étant atteint au Québec –, les sociologues commencent à chercher des explications aussi dans la perte d'identité masculine. Qu'on nous comprenne bien. Nous sommes ici en face d'un phénomène extrême, marginal et localisé. Mais il ne fait pas de doute que la remise en cause des rôles masculins et féminins dans le contexte idéologique d'affrontement des sexes tel qu'il est vécu en Amérique du Nord pourrait avoir une influence sur les plus perturbés des adolescents, qui incarnent ainsi jusqu'à la tragédie le désarroi masculin. « Ils se suicident, certes, mais les plus âgés tueront les femmes qui les quittent », disent les guerrières de la lutte des sexes, pour qui la douleur est plus ou moins acceptable selon le camp de ceux qui l'éprouvent.

La douleur peut aussi être l'absence d'émotion. C'est le cas de ces garçons dans la vingtaine dont les performances académiques ou professionnelles font envie, qu'entourent des jeunes femmes plus séduisantes et remarquables les unes que les autres mais qu'ils n'arrivent pas à aimer, et parfois même à désirer physiquement, désertés qu'ils sont par l'émotion : « Je ne ressens rien. J'ai l'impression d'un vide en moi. Je fonctionne comme un robot. A vrai dire, je ne suis pas malheureux », confient-ils enfin lorsqu'ils se retrouvent dans le cabinet du psychiatre. Ce n'est pas l'absence de désir qui les y a conduits, mais plutôt les palpitations affolantes d'un cœur inutilisé qu'un cardiologue aura diagnostiqué cliniquement normal. Ce sont les futurs candidats à la crise cardiaque et aux ulcères à l'estomac, ces maladies, dites « psychosomatiques », où le corps prend sa revanche sur l'âme maltraitée *.

« Le comportement de mon fils de vingt-cinq ans me renverse. Il passe des mois sans aventure amoureuse. Je sais qu'il n'est pas homosexuel, mais les filles ne semblent pas une priorité dans sa vie. J'ai essayé de lui parler de la nécessité d'expériences sentimentales et érotiques et il m'a regardé comme si j'étais un obsédé lubrique », confie ce père rangé qu'aucune femme séduisante ne laisse cependant indifférent.

Difficile pour les hommes des générations précédentes de voir leur progéniture « gaspiller » les années précieuses où le corps et le cœur peuvent exulter sans contrainte. C'est oublier que ces fils cherchent une façon d'être un homme différente du modèle paternel. Consciemment ou non, ces garçons portent sur leurs épaules les fautes masculines du passé. Jadis, l'on éduquait les femmes à renvoyer à leur homme une image positive de lui-même. Elles devaient feindre de croire qu'il était fort et puissant afin de protéger son sacro-saint amour-propre. Beaucoup de filles ne s'embarrassent plus de ces apparences. Dans leur esprit, l'égalité dans la relation suppose la vérité dans les sentiments. Les filles qui affirment et

---

* Voir *Le Mal de l'âme*, essai de Denise Bombardier et Claude Saint-Laurent, Paris, Robert Laffont, 1989.

revendiquent toujours davantage vivent souvent des amours moins ludiques ; les garçons qui les aiment doivent plutôt s'ajuster à elles. Et l'assurance qu'affichent ces dernières repose davantage sur la certitude de ce qu'elles ne veulent plus que sur un nouveau mode de relation aux hommes, moins réel qu'à inventer.

Les filles ne se posent pas la question de leur identité féminine ; cette dernière s'est même élargie, enrichie de dimensions sociales, économiques et politiques. La féminité a gagné un espace sur le territoire de la masculinité. Être un homme, dans le passé, n'était-ce pas aussi accéder à des lieux et à des fonctions interdits aux femmes ? N'était-ce pas jouer le rôle de pourvoyeur et de protecteur physique ? Dans certains milieux, le code de politesse entre les sexes témoignait de cette différence : ouvrir la porte, céder le pas en montant l'escalier, marcher sur le trottoir du côté de la chaussée. Les filles de l'après-féminisme mettent leur manteau elles-mêmes, ouvrent leurs portes, enlacent le garçon dans la rue, le précèdent en descendant l'escalier et lui paient l'apéro. Pas étonnant que quelques-uns voient dans le sport le dernier refuge où ils peuvent encore être des gagnants. En courant plus vite, en levant des poids plus lourds, en frappant la rondelle à soixante kilomètres à l'heure, ils retrouvent la sensation physique d'être des hommes. Aucune femme ne peut ici leur ravir le titre et ils n'ont pas à lui être redevables de leur réussite.

« J'ai quitté un garçon que j'aimais énormément parce que, la plupart du temps, il ne voulait pas faire l'amour. J'ai passé des nuits les yeux au plafond, couchée à ses côtés. Quand je lui ai dit que je le quittais parce que je ne voulais pas vivre comme frère et sœur, il a éclaté en sanglots et m'a suppliée de ne pas l'abandonner. Moi je trouvais notre relation anormale. Pas lui. » Chantal, vingt-huit ans, est-elle un cas ? Pourtant, il n'est plus rare d'entendre des jeunes femmes se plaindre du manque de désir des hommes de leur âge : « Certains n'ont même pas le désir de nous désirer. Ils sont affectueux, gentils, doux, mais, si l'on devient trop pressantes, ils se sauvent. Pour qu'ils restent auprès de nous, il faut jouer les indifférentes et ne jamais exprimer d'envie sexuelle. Ça leur coupe les ailes... » Voilà ce qu'assurent des filles en mal d'hommes.

Les garçons, quand ils acceptent de rompre le silence qui les étouffe, n'avouent leur peur que contraints. Ils disent plutôt des filles qu'elles s'attachent trop vite, qu'elles exigent trop amoureusement, qu'elles sont prêtes à se mettre en ménage après un mois de fréquentation et qu'elles les empêchent de vivre leur liberté. Sont-elles menaçantes, alors ? « Non, répondent-ils en chœur, elles sont envahissantes. » Ce qu'ils craignent, à vrai dire, c'est d'avoir à subir la compétition dans un rapport de forces permanent avec elles. On est loin du désir d'abandon qui grise et transporte, dont ont de tout temps rêvé les amoureux. « S'abandonner », « se perdre », « se consumer », « être embrasé », sont des termes désuets pour ces garçons de l'après-féminisme.

Souvent, ils poursuivent leur vie d'adolescents au-delà de la vingtaine. Ils vivent alors chez leurs parents : « C'est pratique », disent-ils. Vrai, mais c'est aussi une façon commode d'éloigner le moment de faire des choix. Ou alors ils partagent l'appartement avec un copain dans une atmosphère d'irresponsabilité joyeuse où, règle générale, les filles circulent mais ne se fixent pas. A leur âge, vingt-cinq ou trente ans, leurs parents investissaient dans le couple et la famille ; en Amérique du Nord, ils achetaient assurance vie et petit bungalow de banlieue. Ce type de garçons, appelons-les « fuyards », rêve de lofts, de planches à voile, et l'avenir est défini par ce qu'ils feront le week-end suivant. Ils masquent par cette juvénilité l'angoisse que provoquent en eux des jeunes femmes qui leur demandent de leur ouvrir les bras mais leur font sentir en même temps qu'elles sauront s'y soustraire s'ils ne sont pas à la hauteur de leurs attentes.

Il serait trop facile de conclure que la frilosité de ces garçons repose sur le fait que, enfants du divorce, celui de leurs parents ou des couples qui les entourent, ils craignent l'échec amoureux.

C'est oublier que les filles ne sont pas elles-mêmes à l'abri du phénomène ; pourtant la plupart recherchent l'engagement du cœur. Les filles de l'après-féminisme, insatiables, refusent de sacrifier leurs rêves, on ne saurait trop le répéter. Un certain nombre de garçons de leur âge ne semblent posséder ni leur force, ni leurs espérances, ni même leur ardeur. Ceux qui « prennent le risque », comme ils disent, de vivre à deux – les plus sensibles en tout cas – se sentiront vite bousculés par leurs compagnes. Celles-ci les aimeront souvent avec tendresse et attention, mais leur indépendance nouvelle pourra provoquer chez leurs amoureux la crainte d'être quittés. Salutaire et juste retour des choses, peut-on penser ? Personne ne le niera, la peur d'être abandonnée ayant toujours été une hantise féminine. Mais l'on a trop blâmé les hommes d'entretenir cette crainte chez la femme pour aujourd'hui encourager des filles à insécuriser les garçons.

Un certain nombre de jeunes femmes à la recherche de partenaires laissent entendre que le nombre élevé d'homosexuels limite leur choix désormais. Comment en faire la preuve ? Dans un passé encore récent, les tabous entourant l'homosexualité obligeaient la plupart des homosexuels à masquer leurs tendances. Plusieurs même se mariaient. La tolérance sociale actuelle leur permet de vivre selon leur nature et évite les déchirements créés par ces unions d'apparence. Il est certain que, pour des garçons à l'identité vacillante, la présence à leurs côtés de filles qui, sans être conquérantes à la manière décrite plus avant, n'en sont pas moins décidées est intimidante, voire paralysante. Le défi de l'altérité peut apparaître insurmontable et la tentation de Narcisse dans son miroir devient d'autant plus grande que la société ne jette plus l'anathème sur la marginalité sexuelle. Curieux tout de même d'entendre des filles, à Québec, à Toulouse, à Milan ou à Copenhague, se plaindre de cette autre désertion des hommes.

La libération des femmes est vécue dans une période de déficit masculin. Y participe-t-elle ? Sans doute. Ce qui explique qu'un célibataire libre et pas trop moche soit une denrée rare que les femmes affranchies se disputeront sans vergogne. Mais, éduqués à conquérir, beaucoup d'hommes s'ajustent mal à l'offensive féminine, confirmant ainsi que les mâles qui fantasment à haute voix sur leur désir d'être pourchassés par des créatures érotiques préfèrent le rêver plutôt que le vivre. Il faut écouter le répondeur d'un célibataire dans la trentaine, ni riche ni Apollon, pour comprendre : invitations à prendre un verre, à dîner, au voyage, au cinéma et, dans certains cas, à mots plus ou moins voilés, à passer une chaude nuit, les voix sont multiples, incitantes, suppliantes ou en apparence détachées. « Quand je rentre chez moi et constate que j'ai une douzaine de messages, je n'ose plus les écouter. Les filles sont devenues folles. On les rencontre une fois et elles sont prêtes à vous offrir la lune. Ça ne me flatte même plus d'être sollicité de la sorte. Je n'ai qu'une envie : un numéro de téléphone confidentiel », affirme Benoît, trente-trois ans, cadre moyen dans la police, jamais marié, ayant vécu deux aventures amoureuses sans cohabitation (« l'essentiel dans l'amour, c'est aussi de conserver chacun son appartement ») et qui prétend être en « année sabbatique d'engagement amoureux ». Il croit sincèrement que, du temps de ses parents, la vie amoureuse était plus simple et plus facile : « La voie était toute tracée. Tu cherchais une femme, tu la trouvais, tu l'épousais. Moi, je n'en cherche pas actuellement mais j'en trouve partout et elles me poursuivent de leurs charmes. Trop pour dire vrai. » Que recherche-t-il ? « Je n'en sais trop rien. Je suis désarçonné face aux femmes. J'admire leur courage, leur ambition, mais cela complique mes rapports avec elles. Certaines ont prétendu qu'elles me faisaient peur. Elles ont peut-être raison. »

Pour contourner les nouvelles règles du jeu imposées par les femmes, on verra même des garçons recréer une forme de romantisme qu'on croyait disparue après la grande récréation des années soixante. A : « Faire l'amour plutôt que la guerre », ils substituent : « Rêver l'amour plutôt que le faire. » On en veut pour preuve l'immense succès, il y a quelques années, du roman *Fanfan*, d'Alexandre Jardin. Dans l'histoire de ce jeune garçon transi d'amour, auquel l'auteur ressemble comme un frère, et qui se soustrait aux désirs pressants et précis de sa bien-aimée de crainte que l'acte sexuel n'en flétrisse le sentiment, de nombreux jeunes lecteurs se sont apparemment reconnus. Cette nouvelle éthique du désir dont l'aveu ne serait même pas obligatoire est une voie rassurante pour des garçons fragilisés et incertains de leur virilité. Car, on aura beau dire, le discours des femmes véhiculé par les médias depuis deux décennies a eu tendance à départager les bons – il conviendrait mieux de dire les « bonnes » – des méchants, les exploiteurs-dominateurs des victimes-dominées. Selon les sociétés, le discours fut plus ou moins radical, plus ou moins agressif, mais les hommes, tous les hommes, n'y ont pas échappé. Quel homme le moindrement intelligent tiendrait publiquement aujourd'hui des propos sexistes même si en son for intérieur il n'en pense pas moins ? Il faut s'en réjouir, certes, mais on doit constater en même temps qu'un nombre important d'hommes sensibles et ouverts éprouvent un malaise à dire à leur tour comment ils ressentent ce renversement des rôles, en particulier dans la vie amoureuse. Dans la mesure où la nature même de la virilité a été remise en cause par le discours féministe, il n'y a rien d'étonnant à ce que les hommes, et plus spécifiquement les jeunes, soient à la recherche de nouvelles façons d'exprimer l'amour aux femmes. Pour beaucoup d'entre eux, s'éloigner du modèle de virilité stéréotypé, abandonner le rapport de forces, retrouver l'émotion enfouie, suppose des efforts parfois déchirants.

Les plus nostalgiques retrouvent même le chemin de la vieille morale de l'Église. Le père de Louis, vingt-sept ans, a mis du temps à se remettre de la confidence que lui a faite son fils quelques semaines après son mariage. Ce dernier lui a avoué avoir attendu la nuit de noces pour faire l'amour à sa femme. Ce fut difficile, a-t-il admis, d'autant qu'il lui a fallu convaincre sa fiancée, réticente devant une telle fantaisie. Le père est bouleversé. Comment cette idée a-t-elle pu germer dans la tête de son fils ? Cette histoire étrange, exceptionnelle, impensable en Europe probablement, s'est déroulée au Québec, une société qui a baigné dans l'eau bénite jusqu'aux années soixante-dix. Une société où la pratique religieuse a chuté de 80 à 15 % en vingt ans, une société où le féminisme est moins virulent que sur le reste du continent mais plus agressif et revendicateur que dans les pays européens. « De mon temps, raconte le père de Louis, c'étaient les filles qui se refusaient à nous. Et dans quelles transes étions-nous plongés lors de nos douces offensives pour convaincre les belles de succomber progressivement à nos charmes... Seule la peur du péché freinait nos ardeurs. Mon fils se recrée de semblables tabous et, qui plus est, il m'assure ne pas être le seul de son espèce. Dans son groupe d'amis qui renouent avec l'Église, consommer la nuit des noces serait une mode. Le plus renversant pour moi est que l'initiative de ce geste viendrait plutôt des garçons. » Incroyable tout de même que ce cas à faire gloser ait une parenté évidente avec l'histoire racontée par le romancier Jardin.

Affirmer que les hommes bousculés par les changements ont droit à l'attention féminine paraît rétrograde aux yeux de plusieurs femmes. Cette façon de voir correspondrait au courant antiféministe décrié dans les médias. Comme si le sort des hommes, leur bien-être et leur bonheur étaient absolument dissociables de ceux des femmes. Il est vrai que, dans un premier temps, les hommes ont encaissé plutôt mal tous les bouleversements. Certains ont découvert le plaisir et l'intérêt qu'ils pouvaient retirer des nouvelles relations avec elles mais tous, même les dinosaures, irréductibles estimant que la « folie hystérique » est terminée, ont vu vaciller leurs certitudes.

Les femmes connaissent bien les points faibles des hommes. Elles admettent volontiers que, dans les tourments émotionnels, elles sont plus fortes qu'eux. Elles ne sont pas dupes de ceux qui se vantent au premier venu de leurs exploits sexuels et distribuent les conseils sur la manière forte de faire céder les femmes, sachant combien ils pourront s'effondrer dans l'intimité en jurant sur la tête de leur mère (Dieu ait son âme !) que jamais, jamais auparavant, la virilité ne les avait lâchés. Elles n'en pensent pas moins de ces hommes autoritaires et cinglants qui tonitruent leur amour des femmes fortes mais ne sont performants qu'avec celles qu'ils estiment à tous égards inférieures. Même chez ce type d'hommes, le doute d'aujourd'hui a fait place à la belle assurance d'antan. Le vieil équilibre dans lequel ils se croyaient installés avec les femmes est rompu sous leurs yeux. Leurs femmes, qu'ils avaient choisies selon l'ancien modèle, si elles n'ont pas changé d'attitude, ont au moins changé de vocabulaire : « Je suis trop âgée pour revenir en arrière. J'ai été une servante toute ma vie ; bien traitée certes, mais servante tout de même », dira avec regret, devant un mari agacé de cette audace inconnue, celle qui fut un modèle d'effacement.

Ils sont nombreux à fuir l'engagement de peur que, une fois sous la coupe de ces indépendantes, celles-ci ne se refusent à jouer les confidentes, rôle féminin de tout temps exercé. Car ils sont rares à préférer se confier à un homme. Oseront-ils encore se raconter en toute confiance sans avoir à protéger leur amour-propre, comme ils le font avec les hommes ? Pourront-ils exprimer leurs malaises, leur anxiété, leur insécurité ? Arriveront-ils à avouer leurs faiblesses et à reconnaître leurs erreurs sans être jugés ? Ils savent que c'est auprès des femmes qu'ils retrouvent leur enthousiasme, leur envie de se dépasser, et que c'est d'elles, avant tout, qu'ils souhaitent être admirés. Ne fuieraient-ils pas par crainte de ne plus retrouver dans le regard aimé l'admiration nécessaire pour qu'ils se sentent vraiment des hommes ?

En Occident, les relations entre les sexes diffèrent selon les pays et le machisme est plus ou moins accepté. En Amérique, les hommes culpabilisés se frappent la poitrine ; en France, ils sourient avec condescendance ; en Espagne, ils rigolent ; en Italie du Sud, ils ricanent. Mais tous sont dérangés, et les plus sensibles et les plus lucides se rendent bien compte que l'ordre masculin est à jamais renversé, que le modèle de la jeune femme n'est plus Maman dorénavant, mais Papa. « J'ai une fille à Polytechnique, l'autre est géologue, ma ministre est une femme et ma femme, qui s'est lancée dans l'immobilier il y a deux ans, gagne maintenant plus que moi, remarque un haut fonctionnaire, petite cinquantaine, qu'irrite la ''bêtise'' de certains collègues mâles. Ce sont mes filles qui ont fait mon éducation. Un père ne peut tout de même pas accepter que ses propres filles subissent de la discrimination à cause de leur sexe. Impossible pour moi de comprendre les hommes qui ont des filles et qui restent fermés à ces changements de rôle. » Mais ce dernier admet un bouleversement intérieur : « Je dois faire un effort sur moi-même. Mon orgueil, ma vanité devrais-je dire, en a pris un coup. »

Les hommes de cette génération et de ce milieu aisé voient aussi leur femme les quitter, eux qui ont toujours pris l'initiative en la matière. La décision de rompre fait partie de la panoplie de la femme libérée, avec la carte de crédit, l'appartement, la voiture, la contraception et le préservatif – sida oblige ! Certains refusent brutalement que les femmes ne soient plus à leur merci. Faits divers quotidiens que ces hommes qui tuent femme et enfants avant de s'enlever la vie, suite à une rupture. Ceux-là ne connaissent que la violence comme mode d'expression. La perte de contrôle de la situation les fait dégainer au propre et au figuré. Sont-ils plus nombreux qu'auparavant ou sont-ce les médias qui s'y intéressent davantage ?

Difficile de trancher. Mais les tragédies amoureuses et familiales doivent aussi être analysées à la lumière des bouleversements dans les rapports hommes-femmes. Éduquer les hommes, tâche qui passe par les femmes, la mère au premier chef, n'est-ce pas d'abord les obliger à rompre le silence qui les emprisonne, façon d'éloigner cette violence familière à leur sexe, lourd héritage d'un passé qu'on souhaite révolu ?

La majorité, ni violente ni brutale, comprend mal l'abandon par les femmes : « Ne me demandez pas de vous expliquer pourquoi ma femme m'a quitté. Je ne le sais pas. Lorsque je lui ai demandé pourquoi, elle m'a répondu : "Cherche". » Raymond, classe moyenne, revenu moyen, bonheur moyen, quarante-cinq ans, vingt ans de mariage, pas de maîtresses, pas d'aventures, épouse secrétaire, deux enfants (dix-sept et dix-neuf ans) : « Je n'ai jamais beaucoup parlé avec elle. Peut-être ai-je trop travaillé – six jours par semaine, parfois sept. Depuis quelques années, côté sexe, c'était plutôt calme, mais elle ne s'est jamais plainte. On avait un peu d'économies. Pour nos vacances, on voyageait en Europe, aux États-Unis. Elle a pris un appartement seule. Les enfants lui rendent visite, j'ai des nouvelles par eux. Elle refuse de me parler. Je tiens le coup, seulement à cause des enfants. Quand ils quitteront la maison, que me restera-t-il ? Je n'ose y songer. » Raymond est sincère. Choqué par la rupture, il ne vit plus, il survit. Les femmes ? « Terminé pour moi. » Il faut le croire. Il rejoindra dans la solitude beaucoup de femmes, mais lui ne pourra compter sur cette chaîne de solidarité à portée de ces dernières. La peur de Raymond, son angoisse plutôt, vient de son incapacité à saisir ce qui s'est passé dans la tête de sa femme. S'il avait pu imaginer que sa décision était avant tout affaire de cœur, sans doute aurait-il été à l'abri d'un tel drame.

Les femmes de la quarantaine sont souvent les plus intraitables avec les hommes, comme si elles n'arrivaient pas à vider le contentieux qu'elles ont avec eux. Plus secoués par les changements imposés par celles-ci, les hommes de la même génération sont démunis aussi en tant que pères. Déboulonnés de leur piédestal, ils ne servent plus de modèles à leurs fils. Eux-mêmes sont à la recherche d'une identité moins stéréotypée, sous la pression de leur femme ou de leurs filles. Que peuvent-ils transmettre de la masculinité qu'ils ont reçue de leurs pères ? « Aime les femmes, ne cherche pas à les comprendre », se sont-ils entendu répéter alors qu'ils découvrent aujourd'hui qu'elles consentent à être aimées à la condition d'être aussi comprises. « Qu'est-ce qu'un homme ? », demande le fils. « Ce n'est plus ce que m'en disait ton grand-père, répond le père. C'est à toi de le découvrir. » Sans l'aide des femmes, est-ce vraiment possible ?

Plutôt que de fuir ou de s'éloigner prudemment, des hommes – peu nombreux, certes – ont poussé jusqu'à la caricature les desiderata des femmes. Déposant les armes, ils portent leur masculinité comme une tare et doublent les féministes dans leur discours. Il y a quelques années, à la suite de la tragédie de l'École polytechnique de Montréal où un dément a abattu sélectivement plusieurs jeunes filles en vociférant des insanités antiféministes, on a vu des hommes descendre dans la rue, confessant leur crime d'être mâles et soutenant qu'ils étaient tous « des Marc Lépine en puissance » (le nom du tueur). Ces hommes, « roses » ou « fayots », sont prêts à l'immolation pour ne pas subir les foudres et le rejet féminins. Ils s'excuseraient presque de ne pouvoir échanger leur service trois-pièces pour le triangle féminin. Ce sont des hommes honteux et les femmes qui les trouvent exemplaires desservent leur propre cause. La majorité, elle, n'en exige pas tant. On aura compris que l'on ne fait nullement référence ici aux hommes qui, prenant leur courage à deux mains et luttant contre l'éducation reçue, tentent de partager les tâches jadis « féminines » avec leur compagne. Ceux-là sont exemplaires, ceux-là ne sont pas à la mode : ils sont modernes.

« Où sont passés les hommes, les vrais ? », psalmodient les femmes d'une seule voix. Ils sont là, à portée de bras et de caresses, plus désemparés qu'on n'aime à le croire, plus inquiets qu'ils ne l'affichent et plus désireux de s'ajuster au nouvel ordre sexuel que ne l'affirment les forts en gueule restés accrochés à leur pouvoir mâle. A vrai dire, seuls les hommes âgés ont été à peu près épargnés par la secousse tellurique, leurs femmes refusant une révolte qui aurait ouvert la porte à trop de regrets et d'amertume. Elles sont dures, les vieilles dames, quand elles parlent de leur mari, mais elles continuent de le soigner, de le materner et d'endurer « son mauvais caractère », comme elles disent. Lorsqu'ils voient leurs fils ou leurs petits-fils être quittés par leur femme, quand ils regardent ces autres femmes accéder au pouvoir, prendre la place qui revenait jadis aux hommes, ces vieillards doivent penser dans leur for intérieur qu'ils sont nés à la bonne époque, qu'ils l'ont échappé belle...

Les femmes, enivrées de leur nouvelle indépendance, ont du mal à intégrer la vie amoureuse telle qu'elles la rêvent à cette liberté chèrement acquise. « Que les hommes s'ajustent », sont-elles portées à penser. Eh bien, ils s'ajustent d'autant plus mal qu'elles refusent de les aider. Dans ces conditions, il vaudrait mieux qu'elles cessent de se plaindre de leur désertion. D'autant qu'il en reste, des femmes (des jeunes en particulier) qui ne demandent pas mieux que de retourner au temps de Grand-Mère. Elles idéalisent le temps béni où les femmes ne connaissaient ni le stress de trouver du travail, ni celui de la « double tâche », ni celui de divorcer. La tentation nostalgique est bien réelle, et celles qui croient à un nouvel ordre des sexes devraient comprendre que les hommes de bonne volonté – et ils sont légion – ont besoin d'être rassurés, les dernières décennies les ayant suffisamment déstabilisés. C'est après seulement qu'ils cesseront de fuir.

5
Famille : rien ne va plus

S'il est une spécificité éternelle de la femme, c'est bien celle de porter l'enfant. Là réside un pouvoir que l'homme ne saurait lui disputer. De là découle une partie de l'ascendant et du mystère qu'il lui reconnaît. Si Freud avait été une femme, c'est l'envie d'enfanter plutôt que l'envie du pénis qui aurait alimenté les discussions.

Aux yeux de l'homme, la femme enceinte apparaîtra toujours insaisissable et secrète. Elle vit avec la vie et renvoie l'homme à sa solitude. Peu importe le discours actuel sur la paternité active, l'homme ne sera toujours que le témoin extérieur de la grossesse de sa femme. Il participe à l'attente, certes, mais à la périphérie du mystère, sans jamais pouvoir le pénétrer. Le temps de l'enfantement est un moment clé de la relation amoureuse. Il détermine si l'homme et la femme peuvent faire cause commune ou s'ils sont renvoyés chacun à l'intérieur de soi-même. De nos jours, bon nombre de femmes exigent de l'homme qu'il porte en quelque sorte l'enfant avec elles, qu'il éprouve les mêmes malaises, les mêmes palpitations, les mêmes bouleversements physiques. Elles le placent dans une situation impossible, accentuant ce sentiment d'impuissance si réel qui s'estompera seulement après l'accouchement, c'est-à-dire quand la présence du bébé concrétisera sa paternité. « J'ai été malheureux durant toute la grossesse de ma femme, raconte Éric, nouveau père de trente-trois ans. Je voulais l'aider comme elle le souhaitait. J'ai assisté aux cours prénataux, j'ai lu tous les bouquins qu'elle achetait sur le sujet, je lui tenais la main quand elle vomissait durant les premiers mois, mais elle était toujours insatisfaite. Elle me reprochait constamment d'oublier que *nous* étions enceintes. Je ne pouvais tout de même pas lui emprunter le fœtus quelques heures par jour ! » L'insistance de cette jeune femme pour obliger son mari à vivre avec la même émotion qu'elle l'expérience de la grossesse est une attitude absurde, plus fréquente qu'on ne le croit de nos jours. Elle repose sur la négation des rôles maternel et paternel alimentée par l'idéologie de la non-différenciation des sexes.

Le seul vrai couple inséparable est celui de la mère et de l'enfant. C'est le couple du plus intime bonheur ou du plus étouffant malheur. L'enfant naît du corps de la mère. Il naît sans le père, celui-ci arrive ensuite. L'enfant et la mère ont en commun l'histoire unique d'un corps unique qui permet à cette dernière de comprendre le langage du bébé dont elle se sait la plus compétente traductrice. Cette expérience primordiale ne se transmet pas, et les jeunes mères qui tentent de modifier cette loi au nom de l'égalité parentale face au nouveau-né risquent de s'éloigner elles-mêmes de l'enfant sans que le père s'en rapproche pour autant. La négociation sur le partage des tâches qu'imposent aux pères, au-dessus du berceau, un certain nombre de mères est un mauvais présage pour l'avenir du tout-petit. Ce partage devrait tenir compte non pas de l'idéologie mais des conditions paternelles et maternelles. Celui des deux qui travaille à l'extérieur (l'homme, sauf exception, puisque la femme bénéficie d'un congé maternité) sera forcément moins présent auprès du bébé. Évidence, dira-t-on. Mais n'est-ce pas aussi cette absence qu'on reproche aux pères ?

Ce dernier, aussi bien intentionné soit-il, sera toujours à distance de l'enfant. La mère possède la certitude de sa compétence singulière et c'est elle qui décide de la plus ou moins grande proximité de l'homme par rapport au bébé. En ce sens, le père est soumis à la volonté maternelle. Il n'y a pas de recours possible à un quelconque arbitre dans le trio père-mère-enfant. C'est la mère seule, consentant à céder sa place, qui laisse le père s'approcher de l'enfant. Le discours des nouvelles mères laisse à entendre que le père a le champ libre face au nourrisson. Cela est vrai à la condition que la mère balise elle-même le chemin du père ou alors qu'elle décide de se soustraire à son rôle – certains diraient son « devoir ». Nous parlons ici de distance émotionnelle et non physique. Des générations d'enfants ont vécu avec leur père sans jamais être proches de lui, la mère se faisant l'interprète des volontés des uns et des autres : « Ne dérangez pas votre père, il est occupé. Dites-moi ce que vous voulez, je lui demanderai pour vous », disait-elle, oubliant d'ajouter qu'elle préférait servir d'intermédiaire pour éviter les tête-à-tête qui l'écarteraient.

La redéfinition actuelle du rôle de la femme a des répercussions sur la relation mère-enfant. D'abord, la contraception, en lui donnant la liberté de devenir ou non enceinte, a fait d'elle l'égale de l'homme. La femme peut désormais séparer en elle la femme de la mère, à la manière de l'homme face à la paternité. Mais, une fois qu'elle a accédé à la maternité, le discours féministe n'est plus d'aucun recours. Il n'y a pas de façon féministe d'être enceinte. La grossesse dans l'égalité avec l'homme est une vue de l'esprit. La maternité marque une rupture dans le temps, oblige la femme à des choix et la place, physiquement et émotionnellement, en dehors de la trépidation du travail. Bien sûr, la majorité des femmes continuent de vaquer à leurs obligations, mais à distance de leur entourage, habitées qu'elles sont par cette vie qui, jour après jour, s'anime en elles :

« Durant ma grossesse, il m'arrivait, dans le feu de l'action, d'oublier mon état, lors de discussions serrées par exemple. Soudain, un pincement au ventre, et je me recueillais en moi-même avec le bébé. J'observais mes confrères autour de la table comme dans un film où l'on aurait coupé le son. Dans ces moments-là, j'avoue m'être sentie supérieure à eux. J'étais là, occupant les mêmes fonctions, et je vivais en même temps cette expérience unique, incommunicable, qu'ils ne connaîtraient jamais », confie une assistante sociale.

De nos jours, un certain nombre de jeunes femmes ont tendance à vouloir vivre pour elles seules les bonheurs d'une maternité qu'elles savent unique, tout en espérant transmettre au père une partie des inconvénients. « Quand ma femme est fatiguée, raconte Albert, père pour la première fois à vingt-huit ans, elle exige que je donne le bain au bébé, que je le fasse manger, que je le berce. Dès qu'elle retrouve ses forces, elle reprend en main le maternage, se préoccupant peu de savoir si cela va me frustrer ou non. » Albert n'est-il pas l'exemple de ces nouveaux pères décrits dans les médias, ces jeunes hommes qui découvrent le bonheur paternel de par la bonne volonté de la mère ?

Au fond, la plupart des gens considèrent, plus ou moins consciemment, qu'il n'y a pas d'équivalent à l'amour maternel et que, si l'on peut se passer d'un père, on n'est pas, sans détresse, privé de mère. La journaliste Françoise Giroud a déjà déclaré qu'elle considérait comme un avantage de ne pas avoir eu de père. Échappant aux stéréotypes féminins – la petite fille n'ayant pas eu besoin de séduire Papa –, l'éducation au dépassement intellectuel transmise par sa mère la mit à l'abri des déterminismes dus à son sexe, pour parler comme les sociologues, et lui permit d'accéder sans complexe au monde masculin du travail. Pourrait-on inverser les rôles : entendre sans broncher un homme nous dire qu'il estime avantageux de ne pas avoir eu de mère ? La place du père dans l'esprit de certains n'est pas plus évidente que sa paternité physique. Les femmes désormais exigent une présence plus concrète de celui-ci auprès de l'enfant mais, sur le plan affectif, elles se considèrent indélogeables de la place qu'elles occupent, à tout le moins dans la petite enfance. Le maternage intime des premiers mois crée une sorte de décalage émotionnel entre le bébé et son père : « J'étais un adepte de la thèse de l'indifférenciation des sexes et des rôles auprès de l'enfant. Je croyais à cette idée que le père et la mère sont interchangeables aux yeux du bébé et que la maternité dans sa dimension psychologique était en partie un mythe. Bref, je me disais, comme d'autres, que l'instinct maternel est affaire de culture. Devenu père, j'ai honte rétrospectivement d'avoir défendu farouchement ce qui m'apparaît aujourd'hui comme des stupidités, des constructions théoriques sans lien avec la réalité, déclare cet universitaire devenu expert dans l'art de changer les couches, de faire passer les rots et de calmer les pleurs de son fils. Je suis fou de ce petit mais j'ai toujours ce sentiment étrange qu'il appartient d'abord à sa mère. Je sais m'en occuper, mais à la condition qu'elle ne soit pas trop loin. Comme aurait dit mon propre père : "Je ne suis que le père, tout de même" », ajoute celui qui a perdu foi dans l'égalité parentale.

Le père, aussi attentif soit-il à son enfant, doit créer sa parenté psychologique. Sa légitimité, depuis l'instant de la conception, est entre les mains de la mère, qui peut même lui dérober sa paternité, lui « faire un bébé dans le dos » comme on dit couramment. Rares sont les femmes qui agissent de la sorte, mais le fait qu'elles soient en mesure d'ignorer ou de rejeter le géniteur démontre que maternité et paternité ne sont pas de même nature. Toutes les femmes, qu'elles désirent ou pas un enfant, qu'elles en mettent au monde ou pas, ont un ascendant sur la vie dont les hommes sont privés. La fatigue des mères au travail, déchirées par les conflits d'horaires, finit par faire oublier aux femmes que la maternité désirée est un des bonheurs les plus intenses qu'il leur soit donné de vivre.

Ce qu'on appelle la « démission historique des pères » s'explique à la fois par les nécessités de la vie, les rôles que la société faisait jouer aux parents auprès de l'enfant et, ne l'oublions pas, l'attitude des mères. « Au fond, je ne me comporte pas différemment de ma propre mère, avoue Lyne. J'ai beaucoup de difficultés à me séparer de mon fils chaque jour. Non seulement j'ai l'impression de l'abandonner mais en plus j'ai le sentiment de trahir une partie de ce que je suis. Mon mari, que je trouve bon père, n'est pas torturé comme moi. Il part le matin sans remords et revient le soir tout content de retrouver son bébé. Moi, je le quitte à reculons et je rentre en fin de journée pleine d'appréhension. J'ai toujours peur qu'il ne lui soit arrivé un malheur. »

Qu'on le veuille ou non, que cela plaise ou non, la culpabilité est le commun dénominateur des mères de l'après-féminisme. La femme et la mère sont en conflit ouvert. Quand le père s'offre à remplacer la mère auprès du bébé – et c'est le fait d'une minorité –, elle l'accepte, mais à titre de suppléant, parce qu'elle-même n'est pas en mesure de s'en occuper. Ce rôle maternant du père, peu d'hommes désirent le jouer, et qui pourrait le leur reprocher ? « Ce n'est pas une mère que je veux pour ma fille, mais un père, déclare Patrice, un jeune mécanicien qui a du mal à comprendre ce que sa femme attend de lui face à leur petite fille. Ça ne me fait rien de la changer, mais j'estime que ma femme fait mieux ça que moi. J'ai hâte que la petite grandisse, qu'elle parle. Les bébés, ça ne m'a jamais attiré. Je m'y intéresse parce qu'elle est à moi. Je m'habitue tranquillement à elle. » La plupart des hommes réagissent comme Patrice, n'étant pas tentés par la paternité active souhaitée par tant de femmes. Peut-être ont-ils aussi le sentiment confus que ce nouveau rôle les rendrait trop vulnérables, les bénéfices affectifs retirés de l'intimité avec l'enfant pouvant leur être ravis par la mère à tout moment. Ils n'oublient pas que leur paternité est plus précaire encore du fait qu'ils ne sont plus les pourvoyeurs uniques et que leur autorité ne fait plus nécessairement loi puisqu'ils l'exercent désormais conjointement avec la mère. Comment être père et, surtout, qu'est-ce qu'être père pour un homme lorsque aucun rôle ne lui revient plus en exclusivité ? De là parfois son sentiment d'inutilité, de frustration et de déperdition. Quant à la mère, elle culpabilise même si le père est très présent car elle n'arrive pas à s'enlever de l'idée qu'elle seule est indispensable. Elle vit donc déchirée entre les besoins de l'enfant et ses propres contraintes de travail : « Cela me fait du bien quand j'entends des psychologues affirmer que le plus important et le plus déterminant pour l'enfant, ça n'est pas la quantité de temps passé avec lui mais la qualité de la présence. Mon seul problème est que le soir, lorsque je rentre chez moi, mon fils est fatigué et que, j'ai beau être qualitative, il ne fait que regimber jusqu'au coucher. Il a deux ans, j'en ai trente-quatre, et nous ne sommes pas en forme aux mêmes heures. C'est décourageant. » Paule dit tout haut ce que beaucoup de mères qui travaillent pensent tout bas, et rares sont celles qui poussent le raisonnement jusqu'à sa conclusion logique, à savoir la contradiction entre l'activité maternelle et le travail à l'extérieur, du moins dans les premières années de la vie de l'enfant. Les femmes refusent de choisir et c'est leur droit. Elles préfèrent pour la plupart vivre ces tensions et ces frustrations, qui ajoutent d'ailleurs à la précarité du couple, que se sentir dévalorisées par un retour non désiré au foyer. Cela est vrai surtout pour celles qui ont une profession. Car celles qui travaillent par obligation financière ont souvent un point de vue différent : « Si j'avais le choix, bien sûr que je resterais à la maison avec ma petite », affirme cette travailleuse manuelle qui gagne à peine plus que le salaire minimum. Dans le même souffle, elle avoue que gagner de l'argent lui apporte des satisfactions : « J'éprouve toujours un plaisir à toucher mon chèque de paye. Et puis, en travaillant, je me fais des copines. Il me semble que toute seule à la maison je m'ennuierais. »

Rien n'est simple désormais pour la femme-mère. Sa situation est inconfortable, qu'elle soit au travail ou au foyer. Au travail, elle assume mal de ne pas être avec son enfant et, au foyer, elle constate que la société lui renvoie d'elle-même une image d'inutilité qui la dévalorise. Parce qu'elles se sentent piégées, les femmes tentent d'obliger les pères à redéfinir leur rôle et exigent de la société qu'elle se réorganise selon des modèles qu'elles n'arrivent pas, à vrai dire, à préciser. Elles rêvent secrètement de garder l'enfant pour elles, sachant très bien que cela n'est ni faisable ni souhaitable. Elles veulent s'en distancer à volonté, mais le remords les rejoint aussitôt. Elles désirent pour le bébé un père actif et présent mais, s'il accepte ce rôle, elles se sentent vite mises à l'écart. La femme-mère ne se contente d'aucune des situations qu'elle vit et qu'elle a elle-même créées. Rien ne l'apaise, si ce ne sont les moments d'intimité avec le bébé collé à son corps, à l'abri de tout regard extérieur, où elle retrouve les gestes et les paroles de douceur qui la font renouer, l'espace d'un moment, avec la loi de ses aïeules.

Les femmes de la « double tâche » succombent toutes, à un moment ou un autre, à la nostalgie du temps béni des mères au foyer, au service de leurs enfants. Ces sacrifiées volontaires appartiennent bien sûr à une époque révolue, où la stabilité des rôles – qui le niera ? – possédait quelques vertus. La maternité se vivait avec moins de déchirement mais la femme en payait le prix sur le plan social. Beaucoup de femmes n'ont plus, de nos jours, à renoncer aux désirs qui les habitent. Les seules limites sont celles qu'elles se fixent. C'est d'ailleurs ce que la société leur laisse entendre. Or, le discours qui alimente le combat des femmes pour l'égalité n'est d'aucun secours pour ce que l'on peut appeler la « cause des mères » et, par extension, celle de la famille. La maternité n'a plus de protection sociale, psychologique ni même morale : « J'ai deux enfants, j'aimerais en avoir un autre, dit Michelle, vendeuse à mi-temps dans la boutique d'une amie. Quand j'ai le malheur de parler de mon désir d'en faire un troisième, on a tendance à me regarder comme si j'étais cinglée. D'ailleurs, certains ne s'en privent pas et me disent carrément : ''T'es folle ! T'as le couple, un garçon et une fille, ça ne te suffit pas ?...'' J'ai envie parfois de leur répondre : ''Et vous, avec vos deux chats et votre chien dont vous parlez comme si c'étaient des bébés, vous n'êtes pas dingues... ?'' »

La dénatalité ne s'explique pas seulement par la contraception et le travail des femmes à l'extérieur. En abandonnant les mères à leurs contradictions et à leur culpabilité, on fait peur à beaucoup de femmes. Un certain nombre, d'ailleurs, décident de renoncer à la maternité, niant que, ce faisant, elles renoncent à une partie d'elles-mêmes : « Je n'ai pas d'enfant parce que, au moment où cela s'est posé, je n'ai pas voulu sacrifier mon métier. Aujourd'hui, je n'ai qu'à regarder mes amies naviguer entre la maison et le travail pour que le regret, passager, disparaisse. J'ai des neveux et nièces, je les vois quand j'en ai envie. Je les aime, ils me le rendent bien. C'est la situation idéale puisque je n'ai aucun des inconvénients d'avoir à les élever. » Dans le passé, les femmes comme Jacqueline n'auraient jamais osé pareil aveu. Il était inacceptable pour une femme de se vanter de ne pas vouloir d'enfant. Non seulement elle aurait été traitée d'égoïste mais, surtout, on l'aurait soupçonnée d'être dénaturée. Aujourd'hui, ceux qui pensent cela n'osent plus le dire publiquement. « Un homme sans enfant reste un homme ; pourquoi une femme qui refuse la maternité serait-elle amputée de sa féminité ? », entend-on couramment. La discussion n'est même plus possible. Des ouvrages féministes faisant l'apologie de la non-maternité ont été publiés, entre autres au Québec – qui a établi jadis le record du plus haut taux de natalité pour la race blanche –, dans l'indifférence à peu près générale. Cependant, pour la plupart des femmes qui ont connu les joies secrètes de porter l'enfant, le prosélytisme antimaternité est impensable.

Les femmes qui portent un enfant apprennent deux choses contradictoires : d'abord, qu'aucune expérience humaine n'est comparable à la grossesse en intensité physique et spirituelle ; ensuite, que cette grossesse se transforme en cauchemar si elle n'est pas désirée. Cela vient confirmer encore que maternité et paternité ne sont pas de même nature et que s'y soustraire n'a pas le même sens pour l'homme dans sa masculinité et pour la femme dans sa féminité. Ce n'est pas par hasard que peu de mères se retrouvent parmi les défenseurs de la non-maternité. Ce qui surprend, par contre, ce sont les mères qui laissent entendre aux pères qu'ils peuvent les remplacer auprès de l'enfant et que, faute de leur présence, à tous deux, la garderie jouera le même rôle. Cette volonté de banaliser les embûches que rencontre la mère moderne dessert la société tout entière. Affirmer, comme on le fait, que la solution miracle résiderait dans la multiplication des garderies et l'extension des heures de garde après la classe laisse entendre que le problème n'est qu'un problème d'intendance. Or, celui-ci, réel, est sans commune mesure avec le sentiment de culpabilité de la grande majorité des mères confiant chaque matin leurs enfants à des tiers. La mère, au travail, n'entend pas la sonnerie du téléphone de la même façon que les collègues qui l'entourent. Une anxiété inavouable et inavouée, en sursis, lui laisse peu de répit. La mère est portée à croire que sa présence auprès de son petit enfant est une sorte de paratonnerre et que, en le privant de sa protection, elle l'expose au danger. « Le pire tourment, raconte Julie, c'est quand je vais conduire Alma à la garderie alors qu'elle est fiévreuse. Je me garde bien de le dire au personnel car on m'obligerait alors à la ramener à la maison. Or, certains jours, je ne peux absolument pas m'absenter du bureau sans risquer de perdre des dossiers sur lesquels, souvent, j'ai bossé des mois. Je sais aussi que certains collègues n'attendraient que ça. Pour être honnête, je peux dire que mon efficacité au travail est fonction des centigrades du thermomètre. » Les pères, même les meilleurs, ne réagissent pas de la même façon aux malaises infantiles. Ils sont moins préoccupés ; ils attendront la « vraie maladie » pour s'inquiéter. Sans doute leur réaction s'explique-t-elle par le fait qu'ils ne se sentent pas coupables de ne pas être tout le temps auprès de l'enfant, tandis que les mères ont le sentiment de trahir ce dernier par leur absence, quelle que soit la gravité de l'indisposition.

Il est de bon ton d'exiger de l'homme une modification de son rôle paternel. Comme si la femme-mère se trouvait, elle, à l'abri d'une redéfinition de rôle, les gains du féminisme la faisant accéder à une sérénité jusque-là inconnue. Au contraire, la mère moderne est renvoyée à une solitude nouvelle, cruelle même. En rupture avec la tradition maternelle, elle n'a aucun modèle de référence. « Tu n'es pas souvent à la maison mais évidemment, quand tu y es, tu t'occupes si bien de ton bébé... Visiblement tu es faite pour ça. Dommage que ton travail soit si prenant. » Cette phrase assassine, combien de femmes l'ont entendue de la bouche de leur propre mère depuis vingt ans ! Or, y a-t-il blessure plus vive pour une mère que se faire reprocher de ne pas être à la hauteur de l'amour qu'elle doit normalement porter à son petit ? Et n'est-ce pas pire encore lorsque le blâme est exprimé par sa propre mère ? Répétons-le, peu importe la proximité du père à l'enfant ; père distant ou absent, poule ou actif, le malaise de la mère est difficile à apaiser. Même un mauvais père ne conforte pas la mère dans son rôle de *bonne mère*.

En grandissant, les enfants eux-mêmes alimentent la mauvaise conscience maternelle en reprochant à leur mère ses absences. Tous se plaignent, un jour ou l'autre, de la non-présence, réelle ou pas, de leurs parents. Mais la mère n'entend pas les récriminations de la même façon que son mari. Si l'enfant déclare : « Maman, tu n'as pas le temps de t'occuper de moi », elle comprend : « Maman, tu m'abandonnes. » Car elle se convainc qu'il a davantage besoin d'elle, et cette croyance est la source de son déchirement. Les enfants plus âgés l'ont compris et ne se privent pas de mettre leur mère à l'épreuve. Au téléphone, lorsqu'elle prend de leurs nouvelles, ils se plaindront d'un mal de tête ou d'un mal de ventre, assureront que, sans appétit, ils n'ont rien mangé de la journée et ajouteront qu'ils sont désœuvrés. Ces propos prévisibles, routiniers, qu'elles savent exagérés, les mères ne les entendent jamais sans un pincement au cœur et sans qu'ils leur retirent une partie du plaisir qu'elles prennent à leur travail.

Si l'on insiste ici sur la culpabilité des mères, c'est qu'elle trouve racine, compte tenu de l'inquiétude normale de tout amour maternel, si confiant soit-il, dans le plaisir pris à s'épanouir en dehors de l'enfant. La mère a tendance à croire qu'elle n'aime jamais assez. La femme dira d'un amant : « Je ne peux l'aimer davantage. » Elle ne s'autorisera jamais pareil propos au sujet de son enfant. De tout temps, l'amour maternel a représenté le modèle parfait du don de soi. La mère moderne n'arrive pas à concilier son rêve insensé d'être *la* meilleure mère avec sa performance au travail. Le féminisme n'a certes pas réponse à tout. Et il est erroné de penser que les tourments des mères, créés par les contradictions qui les habitent, disparaîtront par un changement radical du rôle des pères. Ce n'est pas en transférant leur culpabilité aux pères que les femmes-mères vont obligatoirement se déculpabiliser. Ce serait, convenons-en, une étrange victoire. Nombre de jeunes pères, plus présents que ceux des générations précédentes, débordent d'affection et d'attention à l'endroit de leurs petits. Leur façon d'être père rompt également avec la loi de leur propre père. Le seul modèle qu'ils ont sous les yeux est celui de leur mère. Eux aussi éprouvent ces déchirements si familiers aux femmes. Leur travail et, surtout, leur ambition professionnelle sont également vécus comme des obstacles à leur paternité active. Parce que cette paternité est précaire – son espace reposant en grande partie, on le sait, sur le bon vouloir de la mère –, l'insécurité et la peur de ne pas être à la hauteur deviennent aussi leur lot quotidien. Quand il y a rupture du couple et que la mère exige et obtient la garde de l'enfant, leur déception est à la mesure de leur attachement.

Mais regardez ces superwomen, ces reines de la libération, ces femmes au sommet du pouvoir qui assistent au Conseil des ministres un jour et accouchent le lendemain. Regardez ces chirurgiennes qui opèrent le matin ou d'urgence la nuit et qu'on retrouve en train de chanter une comptine à leur petit. Admirez ces soldates américaines de la guerre du Golfe disant au revoir à leurs enfants sans savoir quand elles reviendront. Ne sont-elles pas la preuve vivante de la réussite féminine et maternelle ? Mais qui affirmera sérieusement que ces femmes sont des modèles d'inspiration ? Leur succès, spectaculaire, est individuel et quasi unique. Bénéficiant des acquis du féminisme, elles ont eu accès à des fonctions jadis réservées aux hommes. Combien de femmes souhaiteraient être à leur place ? Publiquement, elles n'affichent pas leurs états d'âme sur la difficulté d'être mères dans ces circonstances. Ce sont des privilégiées. Elles sont assurées d'une aide, l'intendance familiale est assumée par d'autres. Et il est tabou (*politically incorrect*, dirait-on en Amérique) de s'interroger sur leur disponibilité aux enfants alors qu'il est de bonne guerre de citer comme mauvais pères tous ces hommes que le travail éloigne de leur progéniture. Notre propos, espérons qu'on l'aura compris, n'est pas de condamner les superwomen. En général, ces femmes ont une force, une énergie et une détermination hors du commun. Elles concilient apparemment l'inconciliable. Sur le plan économique et social, ce sont des privilégiées, et la majorité des femmes ne peut se reconnaître à travers elles. Sans doute réussissent-elles à dominer la culpabilité, à échapper à l'ambivalence, leur satisfaction dans le travail étant très intense. Mais, avant tout, les hommes qui partagent leur vie se doivent d'être exceptionnels, leur mentalité, forcément progressiste. Vivre dans l'ombre professionnelle d'une femme, organiser ses horaires en fonction d'elle, compenser son absence auprès des enfants : peu d'hommes l'acceptent. Certaines de ces femmes éduquent seules leurs enfants. Cet exploit, encore une fois, appartient davantage au *Livre des records* qu'au manuel de pédagogie maternelle et familiale, et ces femmes sont l'exception qui ne confirme pas la règle.

On me permettra ici un témoignage plus personnel. Appartenant moi-même à cette catégorie de femmes, j'avoue n'avoir vaincu ni la culpabilité ni l'ambivalence. Ayant l'immense avantage d'organiser mon temps dans une relative liberté et de pouvoir travailler fréquemment à domicile, j'ai du mal à comprendre ces femmes qui quittent la maison aux aurores et rentrent le soir pour redevenir mères durant quelques heures. A plus forte raison lorsque les enfants sont en bas âge. La mère paie un prix fort élevé pour permettre à la femme en elle de s'épanouir. A l'opposé de la mère, l'homme vit rarement sa relation à l'enfant sur le mode du couple. C'est le sentiment de filiation qui l'habite. A travers l'enfant, à ses yeux, c'est la famille qui naît, et l'échec du couple, c'est l'échec de sa famille. Au moment de la rupture, les hommes sont nombreux à démissionner face à une paternité si difficile à établir et à assumer. Ils sont rares à disputer à la mère la garde des enfants. Et lorsqu'il y a garde partagée, une pratique qui se répand en Amérique du Nord, c'est que la mère y a, la plupart du temps, consenti. « Ce sont des lâches et des irresponsables. Regardez le nombre de ceux qui ne paient pas de pension alimentaire même lorsque la cour les y oblige », affirment les femmes, brandissant les statistiques. Vrai. Mais la majorité des pères ne sont pas des irresponsables. De plus en plus, ils souhaitent se rapprocher de leurs enfants. Encore faudrait-il que les mères modifient leur comportement, cessent de clamer la primauté de la maternité sur la paternité et qu'elles définissent la paternité autrement que comme complément ou suppléance de la maternité.

Cette primauté maternelle confirmée par nos sociétés à travers les tribunaux risque de créer de graves injustices au fur et à mesure que les pères s'impliqueront davantage dans l'éducation de leurs enfants. A ce jour, lors d'une séparation, il est vrai qu'au premier obstacle ceux-là se découragent ou s'enfuient. Ils aiment à distance et oublient qu'aux yeux de l'enfant l'amour est non pas un concept mais une présence. L'éloignement physique leur fait perdre la mémoire de leur paternité au profit, la plupart du temps, de l'agitation professionnelle. Les pères absents deviennent alors des pères étrangers : à leurs enfants et à eux-mêmes. Cependant, il est vraisemblable que dans un avenir plus ou moins rapproché ils revendiqueront davantage leurs droits au moment de l'éclatement du couple et exigeront une garde partagée des enfants. Les mères, et parmi elles les plus outragées par l'abandon paternel, sont-elles prêtes à se séparer ainsi de l'enfant, surtout celui en bas âge ? Rien n'est moins sûr, l'ambivalence étant, on le sait, une autre caractéristique de la femme-mère de l'après-féminisme.

Un autre changement survenu depuis trente ans marque une rupture complète avec le passé et peut influencer la perception qu'ont les hommes de leur paternité. Il s'agit du discours des femmes sur l'avortement. De tout temps, les femmes ont avorté. Mais elles le faisaient dans le silence, la douleur, la honte, et à l'insu des hommes. Le mouvement féministe a fait éclater le tabou. Les femmes sont descendues dans la rue pour exiger la reconnaissance de leur droit à avorter. « Notre corps nous appartient », ont-elles scandé en chœur dans toutes les villes occidentales. Cette affirmation publique de leur droit exclusif à décider de donner la vie confirme que la procréation est le fait des seules femmes et que, entre le géniteur et le père, la femme peut ériger un mur infranchissable. Ici, une remarque s'impose. Loin de nous l'idée que l'homme a un droit sur le corps de la femme. Il y a quelques années, au Québec, le procès retentissant intenté à une jeune femme enceinte par le père présumé (putatif) a mis en lumière l'odieux de forcer par jugement de cour une femme à conserver un enfant contre son gré. La Cour suprême du Canada a fini par renverser la décision de la cour d'appel du Québec qui empêchait la jeune fille d'avorter. Mais la démarche de cet homme, aussi téméraire et brutale soit-elle, oblige à s'interroger sur la place qui doit être faite à l'homme dans la décision de procréer. Au Canada, la société a décidé que l'homme géniteur n'avait aucun droit sur le corps de la femme engrossée par lui. Cette décision est sage. Mais elle fait mieux comprendre les raisons de cette distance entre l'homme et l'enfant. Pourquoi il y a nécessité pour lui d'apprivoiser la paternité. Il se vit simple instrument de la naissance du bébé. La capacité d'enfanter rend la femme toute-puissante. Certains chercheurs de science-fiction rêvent même de fabriquer la machine qui enfin remplacerait le ventre féminin et enlèverait à la femme ce pouvoir mythique, trop mystérieux pour ne pas être inquiétant aux yeux de certains.

Le féminisme a permis une certaine libération

des femmes, en ouvrant la voie vers l'égalité et l'autonomie. Mais c'est une idéologie avant tout pour célibataires et femmes mariées qui n'ont pas d'enfant. Les mères qui travaillent se retrouvent désormais dans une situation identique à celle des pères. Va-t-on le leur reprocher ? Peuvent-elles exiger que leur mari exerce les tâches qu'elles ne peuvent plus exécuter elles-mêmes ? Il est de bonne guerre d'établir un partage du ménage et des repas à préparer ; il en va autrement du partage du temps de présence aux enfants. Comment le comptabiliser ? « Je donne deux heures à Bébé, tu lui en consacres deux. » Absurde. Une mère absente ne peut pas être remplacée par un père présent, et vice versa. A moins de croire à l'indifférenciation parentale, ce qui n'est pas notre cas.

Il y a une légitimité à demander aux pères de se rapprocher de l'enfant. A condition que certaines mères ne se sentent pas dédouanées de s'en éloigner et que les autres, la majorité, reconnaissent à ces pères un rôle essentiel, singulier et irremplaçable. Car un bon père ne sera jamais une mère par suppléance.

6

L'amour
au temps du féminisme

« Qu'il est difficile d'aimer », chante Gilles Vigneault. Plus encore après le féminisme, est-on tenté d'ajouter. Beaucoup de femmes ont sincèrement cru que la vie amoureuse serait à l'abri de la remise en question de leur rapport aux hommes. Elles se sont imaginées qu'elles pouvaient se battre contre eux le jour afin d'obtenir justice sur le plan social tout en continuant le soir de roucouler dans leurs bras, oubliant que tout homme a quelque solidarité avec son sexe dénoncé. Les mieux intentionnés des hommes, les plus ouverts, les plus progressistes ont du mal à s'ajuster ; alors que dire de tous les autres ? Les femmes elles-mêmes sont déstabilisées et déchirées. Elles tentent désormais d'aimer de façon conditionnelle : « Je t'aime mais... » Or, ce *mais* fait peur à nombre d'hommes et de jeunes garçons que leurs mères n'ont absolument pas préparés à vivre selon ce nouveau code amoureux. La plupart éduquent leurs enfants en tenant compte de la différenciation des sexes. Les militantes, qui ont tenté de renverser les rôles en achetant des poupées à leurs garçons, ont vite déchanté devant la déception de ces derniers réclamant des camions de pompier.

Les hommes doivent exprimer leur côté féminin pour libérer leurs émotions, dit-on. Comme s'ils en avaient moins que les femmes... Or, le problème est ailleurs. Ce n'est pas en se « féminisant » de la sorte que ces derniers vont obligatoirement se rapprocher des femmes. De même que la « virilisation » de ces dernières n'entraînera pas une plus grande compréhension des hommes. La vie amoureuse échappe aux stéréotypes et à la dichotomie. Tous les amoureux du monde vivent un bouleversement émotionnel. L'intensité de ce bouleversement est plutôt fonction de l'acuité de la sensibilité que de l'appartenance à un sexe. Dans le passé, la différence d'attitude dans l'amour reposait aussi sur le fait que la femme pouvait y consacrer plus de temps que l'homme. Car le travail distrait de l'amour. Les grandes amoureuses de la littérature sont encore la référence obligée de notre conception de l'amour. Eh bien, imagine-t-on Mme de Rênal, George Sand ou Lady Chatterley allant conduire les enfants à la garderie à sept heures trente le matin puis s'enfermant au bureau, emportées par un tourbillon de réunions, ou à bord d'un avion, faisant des aller-retour entre Paris et Londres ou Montréal et New York, pour rentrer le soir fourbues, accueillies par des enfants en quête d'attention et un mari tout aussi fatigué et désireux de trouver un repos mérité ? Les héroïnes ne survivraient pas à pareil train de vie.

L'incommunicabilité, dont il est tant question lorsqu'on aborde les problèmes du couple, s'explique donc aussi par une réduction de la disponibilité féminine. L'amour est consommateur de temps. Il se joue sur la durée et ses manifestations comportent des exigences. Il est perturbant d'aimer puisque, à la merci de l'humeur de l'autre, on vit ses tensions, ses chagrins, ses joies, ses déceptions. Les femmes d'antan n'étaient pas à l'abri des problèmes, l'intendance, l'éducation des enfants et l'organisation de la vie sociale pouvaient s'avérer difficiles et stressantes. Mais elles ne les doublaient pas par un travail à l'extérieur. Les « femmes d'intérieur », comme on les appelait si justement, n'avaient pas que du temps physique à consacrer à leur mari ; leur disponibilité d'esprit leur permettait à la fois de rêver l'amour et d'offrir à ce dernier un soutien indéfectible et une oreille constante. Assurer le triomphe de l'amour représentait un objectif auquel elles se consacraient à temps plein. « Je vis pour mon mari et mes enfants », telle était leur devise.

Désormais, nombre de femmes vivent pour elles-mêmes. Elles cherchent l'épanouissement et considèrent l'amour et la maternité non plus en tant qu'absolus, mais plutôt comme des moyens pour parvenir à leur objectif : la plénitude personnelle. Tous milieux confondus, les femmes de l'après-féminisme se refusent à être des sacrifiées sur l'autel de l'ambition masculine : « Je ne serais ni une bonne mère, ni une bonne épouse, ni une bonne amante, si je niais mes besoins et étouffais mes désirs », clament-elles. Et les autres, toutes les autres, qui se font violenter, qui vivent dans la terreur de l'homme, qui se retrouvent seules avec des enfants à charge, ces malheureuses derrière les statistiques, même celles-là, souvent, ne se résignent plus ; elles parlent, racontent, s'interrogent et, de plus en plus, tentent de se libérer de leur joug. Malheureusement, nombre de couples vivent toujours dans l'affrontement et la violence, à ne pas confondre avec l'amour ni même la passion. Mais ces couples, installés dans une relation dominant-dominée, et souvent cités en exemple en appui à l'idéologie féministe, relèvent davantage de la pathologie que de la sociologie.

La plupart des femmes continuent de penser qu'elles seules peuvent alimenter l'amour dans le couple. De là les frustrations supplémentaires. Combien, parmi elles, ont le temps l'après-midi de téléphoner au chéri pour se rappeler à son bon désir, pour lui susurrer à l'oreille des mots qu'il voudra mettre en gestes le soir ? Oh, cela se fait encore ! Au début des amours, quand l'un et l'autre vivent d'émois et adaptent momentanément leurs horaires à leur cœur. Au temps où les femmes considéraient le travail plutôt comme une salle d'attente du mariage, leur vie amoureuse prenait le pas sur toute autre activité et elles s'ajustaient aux disponibilités du soupirant du moment. De nos jours, cela devient compliqué. Pourtant, les femmes, pour la plupart, ne se résignent pas à vivre l'amour, balisé par des obligations professionnelles, sans soupirs, sans sanglots et sans promesses éternelles de fidélité. L'autonomie sociale et financière ne libère pas nécessairement le cœur, mais beaucoup de femmes se refusent à l'admettre. Il est facile de faire l'éloge de la femme libérée à l'abri des émotions perturbatrices quand on s'effondre soi-même devant le premier mâle qui nous frôle. Il est illusoire de défendre le droit à l'avortement si l'on consent à faire l'amour avec celui qui refuse de porter un préservatif sous prétexte que le caoutchouc limite ses exploits. Les amoureuses de l'après-féminisme sont happées par des contradictions dont elles se dégageront après avoir fait leur deuil de l'ancienne image de l'amour et des femmes en amour. Ou alors elles se rendront à l'évidence et cesseront de tout vouloir à la fois. D'autant que les hommes n'accepteront jamais de faire à leur place ce qu'elles ne veulent plus faire elles-mêmes. Les hommes ne retourneront pas au foyer parce qu'elles le désertent. Ils ne limiteront pas leurs ambitions au travail pour consacrer davantage de temps à leur vie amoureuse alors qu'elles commencent à agir à l'inverse.

L'amour a toujours donné le vertige à ceux qui s'en approchaient. Les femmes d'aujourd'hui, convaincues comme celles d'antan de se donner davantage que leurs partenaires, exigent désormais des garanties, une sorte de police d'assurance vie amoureuse. « Je t'aime mais... » implique la négociation et fait planer la menace. La devise du Québec, « Je me souviens », est devenue celle de l'ensemble des femmes occidentales. Seuls les distinguent le degré de recul et la force de la mémoire. La légitimité de leur attitude n'est pas ici mise en cause. Mais l'on se doit de mettre en lumière les conséquences que cela entraîne sur le comportement des hommes, ceux de bonne volonté – et ils sont majoritaires. Ces derniers n'ont-ils pas aussi raison de s'inquiéter ? Ils se plaignent rarement d'avoir été mal aimés. En tout cas, ils ne le disent pas avec des mots. Ils ont plutôt tendance, au contraire des femmes, à oublier ; ils sont amnésiques dans leur vie amoureuse. Ou alors ils parlent par leur cœur qui flanche, leur estomac qui saigne ou leur dos qui cède sous la passion des émotions étouffées. Les hommes aussi ont des peines d'amour, mais au lieu de dire : « J'ai mal », ils déclarent : « C'était fatal. » Pour contrer cette résignation rattachée à leur sexe, les femmes qui les aiment doivent les défendre. Et d'abord contre eux-mêmes.

L'égalité des sexes est une réalité politique. L'égalité amoureuse est une illusion et une vue de l'esprit. Il n'y a pas d'égalité possible parce que l'amour échappe aux normes et aux données quantifiables. D'ailleurs, à considérer qu'elles aiment davantage qu'elles ne sont aimées, les femmes démontrent qu'elles sont les premières à ne pas croire à cette égalité. Elles ont la conviction que l'amour est un territoire dont elles sont les gardiennes. Celles qui choisissent de s'en éloigner au profit d'activités plus « raisonnables » ne peuvent plus reprocher aux hommes leur propre désertion.

Ce que femme veut, Dieu ne le sait plus de nos jours. Les gains du féminisme sont identifiables par la statistique, mais le prix émotionnel échappe à la comptabilité. La tentation est grande de toujours se draper dans la robe de la victime en clamant la supériorité morale et émotionnelle des femmes, et plusieurs y succombent. Comme s'il était dans la nature des hommes de faire souffrir les femmes. La souffrance n'a pas de sexe et le désarroi non plus. Celui des hommes aujourd'hui doit être pris en considération par toutes celles pour qui le bonheur est d'abord de les aimer. Avouons-le, nous les avons obligés à refaire leurs devoirs au cours des dernières décennies. Ils ont dû changer leur vocabulaire, répondre un tant soit peu à nos nouvelles exigences, s'interroger sur leur identité, entendre sur leur compte à travers les médias des propos souvent peu flatteurs, se faire rabrouer comme membres du sexe « fort » et culpabiliser des fautes commises par leurs aïeux. De plus, ceux qui ont cru y échapper, leurs épouses dociles ou volontairement soumises les ayant épargnés, se sont fait rattraper par leurs propres filles qui, elles, les ont affrontés et contestés.

Beaucoup d'hommes et de femmes ont la nostalgie des histoires d'amour qui finissent bien. Ils rêvent de retrouvailles en dehors des terrains sur lesquels désormais ils s'affrontent. Le féminisme a fragilisé la relation amoureuse en y introduisant un nouveau rapport de forces et il est faux de prétendre que, si les hommes le vivent mal, les femmes, elles, s'en accommodent. Nous assistons non pas à la déroute d'un sexe mais à la déroute des sexes. Peut-on encore accepter de s'entendre dire que dans l'amour l'homme est un salaud potentiel et la femme une victime inévitable ? L'amour est un risque pour tous les amoureux, sans distinction de sexe. Sur le plan politique et social, les femmes ont remporté des victoires nécessaires et irréversibles, et cela va continuer. Mais ce combat ne doit plus se dérouler dans un espace qu'abandonneraient les hommes. Une trêve est nécessaire. La vie amoureuse est faite d'attendrissements partagés, de secrets devinés, de découragements surmontés, d'espoirs communicatifs, d'inquiétudes apaisées. L'amour n'est pas un enjeu social. Il surgit d'une émotion mystérieuse qui nous attire l'un vers l'autre et à travers laquelle le bonheur, croyons-nous, risque de se profiler. Devant l'amour, femmes et hommes vivent démunis et désarmés. Ils sont destinés à vivre ensemble et non pas condamnés, comme plusieurs seraient, hélas, portés à le croire. Et n'est-ce pas faire preuve d'aveuglement que de laisser croire qu'une femme devient libre si elle se libère des hommes ? Le temps de la soumission est révolu, notre avenir commun repose désormais sur une réconciliation des sexes. De nos jours, cette vérité mérite d'être rappelée à notre mémoire.

Table

1. La longue plainte des femmes en mal d'amour 11
2. L'argent au féminin 39
3. Conquérantes de tous les pays 61
4. L'homme en désarroi 81
5. Famille : rien ne va plus 107
6. L'amour au temps du féminisme 131

COMPOSITION : AISNE COMPO À SAINT-QUENTIN
IMPRESSION : SUR ROTO-PAGE
IMPRIMERIE FLOCH À MAYENNE (6-93)
DÉPÔT LÉGAL : MAI 1993 - N° 12979-4 (34440)